스웨덴
국세청
성공 스토리

스웨덴
국세청
성공스토리

레나르트 위트베이 · 안더스 스트리드 지음 | 김지연 옮김

두려운 기관에서
사랑받는 서비스 기관으로

세상

| 한국어판 출간에 부쳐 |

 '조세 행정'과 '납세 준수'라는 주제를 가지고 논의한다고 할 때 그 대부분은 사람의 태도에 관해 다루는 것입니다. 즉 '사람과 함께 일하는 방법'에 대한 이야기입니다. 조세 행정은 무척이나 어려운 문제이며, 이와 관련해서는 갖가지 법적이고 기술적인 쟁점이 있습니다. 그렇지만 조세 행정은 어떤 사회든 그 사회가 올바르게 기능하도록 기여하는 매우 중요한 부분입니다. 상당히 어려운 문제를 다루기는 하지만, 궁극적으로 조세 행정 기관은 국민에게 봉사하기 위해 존재합니다.

 이는 전 세계적으로 통용되는 주지의 사실입니다. 우리 저자들은 세계 여러 나라의 국세청과 함께 일을 해오면서 바로 그 사실을 더 확실히 깨닫게 되었습니다. 각 국가마다 직면한 문제들은 다를 수 있고, 또한 사안의 복잡성과 그 범위는 다르게 나타날 수 있습니다. 하지만 약간의 차이가 있다 해도 문제의 본질은 동일합니다. 서로 다른 언어를 말하고 쓰며 상이한 문화적 배경과 관습을 가지고 있지만, 우리 모두 인간이기에 근본적으로는 같습니다.

그렇다고 해서 모든 나라의 모든 문제에 정확히 적용할 수 있는 단 한 가지의 만능 해결책이 있다는 말은 아닙니다. 오히려 그 반대입니다. 중요한 것은 각 국가의 특수한 상황에 맞게 적절한 해결방안을 찾아내는 일입니다. 그럼에도, 어디서나 유효한 보편적 법칙은 있습니다. 예를 들면, 모든 인간은 존중받고 싶어한다는 것입니다. 이런 보편성을 고려하면 그 어떤 조세 시스템이라도 제대로 운영될 수 있을 것입니다. '사람'을 잘 대해주면 신뢰가 쌓입니다. 사람 사이의 관계만이 아니라 세무 당국과 납세자 사이에 신뢰가 형성되는 것이 중요합니다. 일단 신뢰가 쌓이고 나면 납세 불응이나 그로 인한 거래비용이 감소합니다. 또한 신뢰는 자발적으로 협력하고자 하는 마음과 의지를 촉진합니다. 장기적 안목으로 본다면 강압과 협박보다는 협력을 기초로 한 조세 시스템이 더 원활하게 작동할 것입니다.

스웨덴 국세청의 혁신 역시 바로 이런 법칙을 토대로 시작되었습니다. 애초 스웨덴어로 쓰인 스웨덴 국세청의 이야기이지만, 우리 저자들은 이 책에 담긴 개혁 과정이 다른 많은 국가에서도 도움이 될 수 있기를 바랐습니다. 그래서 영어판 번역 작업에 착수했습니다. 이후 영어로 출간된 책에 대한 관심은 우리의 기대 이상이었습니다. 우리는 조세 행정이나 일반 공공 행정에 관심을 갖고 있는 여러 나라 독자들이 우리가 책에서 서술한 이야기, 조세 행정과 관련해 제기되는 문제점, 그리고 우리가 이 책을 쓴 의도까지도 잘 파악하고 있다고 느꼈습니다. 그런 점에서 우리는 이 책이 스웨덴어가 아닌 다른 나라의 언어로 번역 출판되는 것이 매우 기쁘고 큰 영광입니다. 특히 우리는 그 어느 나라에도 견줄 수 없는 변화의 과정을 몸소 경험한 선진국 한국에서 이 책에 큰 관심을 보여준 것에 대해 깊은 감사의 뜻을 전합니다.

이 책은 스웨덴 국세청이 개혁을 이뤄나가는 과정에서 우리가 겪은 이야기를 담고 있으며, 우리가 실제로 실행했던 일을 그려내고 있습니다. 사실 스웨덴 국세청의 성공적인 개혁 과정은 조직 내의 능력 있고 헌신적인 구성원들, 즉 '사람' 덕분에 가능했습니다. 이 책은 오롯이 '사람들'의 이야기라 할 수 있습니다. 국세청 공무원과 납세자에 관한 이야기가 이 책의 전부입니다. 그러므로 이 이야기는 누군가가 그대로 따라할 수 있는 청사진은 아닙니다. 왜냐하면 제대로 운영되는 조세행정 조직들을 잘 관찰해보면 저마다 그렇게 된 비슷한 이유가 있는 한편, 또 저마다 독특한 역사와 내부 환경이 작동한 결과이기 때문입니다. 그런 의미에서 스웨덴 국세청의 이야기를 담은 이 책 역시 더 멋진 혁신을 원하는 조직과 기관에 그저 소중한 영감을 조금이나마 제공할 수 있기를 바랄 뿐입니다.

스웨덴 스톡홀름에서
레나르트 위트베이 & 안더스 스트리드

| 추천의 말 ① |

'스웨덴' 하면 떠오르는 이미지는 '복지국가'라는 것이다. 그 복지국가를 유지하기 위해 세금을 많이 걷는 나라라는 생각이 연이어 들고, 또 너무 많은 세금을 피해 스웨덴을 떠났다는 그 유명한 영화감독 잉마르 베리만의 사례가 함께 떠오른다. 실제로 그의 이야기는 복지국가의 이면을 보여주는 사례로 종종 인용되기도 했다. 스웨덴 국세청의 이야기를 담은 이 책도 잉마르 베리만 감독으로부터 시작한다. 하지만 그는 알려진 것과는 달리 자신이 많은 세금을 내야 한다는 생각에 분노한 것이 아니라 국세청이 자신을 사냥감처럼 다루었다는 사실에 분노했다고 한다.

이 책은 일반적인 관료 조직이었던 스웨덴 국세청이 어떻게 거듭 변신에 성공했는지를 담고 있다. 그중 가장 놀라운 이야기는 그토록 강력했던 권력기관이 '실적 달성을 강조하는 방식'에서 '국민들에게 어떻게 보이는지 인식하고자 노력하는 방식'으로, 기관의 가치 자체를 바꾸었다는 것이다. 이렇게 접근 방향만 뒤집었는데도 조직문화가 완전히 달라졌다고 한다.

물론 긴 시간이 필요했고 수많은 회의적 반응과 의문을 헤쳐나가야 했다. 그러나 스웨덴 국세청은 변화를 이루어내는 데 성공했으며, 그들의 개혁 과정을 담은 책이 출간되어 영어로 번역되면서 세계 여러 나라의 권력기관에 긍정적 영향을 미치고 있다. 특기할 만한 것은 그들의 개혁 목표가 거버넌스에 시장경쟁 논리를 도입하자는 '공공관리'와는 거리를 두고 있다는 점이다. 한동안 그런 시도가 행해지기도 했으나 결국 그 개념은 폐기되었다. 그 대신 신뢰, 처음부터 올바를 것, 상호 이해, 진정성 같은 고전적 가치가 혁신의 키워드로 남았다고 한다.

본문의 문장 하나가 그러한 혁신 정신을 잘 보여주고 있다. "사람들과 소통하고 사람을 제대로 대하는 기술은 근본적으로 각자가 인류에 대해 품는 감정과 관련됩니다." 강력한 권력기관에 적용되었던 것이라 믿기에는 무척 참신한 정신이다. 우리나라 권력기관에서 일하는 사람 모두가 꼭 한번 읽어보기를 주저 없이 권한다.

김영란
(전 대법관, 현 대법원 양형위원회 위원장)

| **추천의 말 ②** |

주한 스웨덴 대사로서 제가 이 책을 직접 추천하게 되어 대단히 영광입니다. 이 책은 '스웨덴 국세청^{Skatteverket}'이 두려운 세금징수 기관에서 사랑받는 서비스 기관으로 탈바꿈한 것, 그 인식의 전환을 담고 있습니다. 이번에 한국어판으로 발간된다니 정말 기쁩니다.

이 책을 읽고 나면 아마도 독자 여러분은 스웨덴 국민들이 높은 세금 부담에도 불구하고 스웨덴 국세청을 신뢰하고 있다는 사실에 놀라게 될 것입니다. 실제로 스웨덴 국세청은 스웨덴 국민 한 사람 한 사람의 일상생활에서 중요한 역할을 하고 있습니다.

　평균적으로 스웨덴 국민들은 벌어들이는 수입의 약 3분의 1을 세금으로 내야 합니다. 그럼에도 불구하고 스웨덴 국세청은 인기를 누렸습니다. 이는 스웨덴 국세청이 세금징수 이상의 일을 담당하고 있기 때문입니다. 국세청은 주민등록 업무의 책임도 맡고 있어 스웨덴 국민들의 여러 가지 중요한 삶의 순간들을 알고 있고 또 알아야만 합니다.

　스웨덴에서는 사람이 태어나 성장하고 결혼하고 이사를 하면 일주일 이내에 국세청에 신고를 해야 합니다. 그리고 누구나 피해 갈 수 없는 일, 즉 사망을 맞게 되었을 때에도 국민들은 국세청에 이를 알리고 관련 서비스를 제공받게 됩니다. 이처럼 모든 스웨덴 국민은 생애 전체에 걸쳐 국세청과 밀접한 관련을 맺고 살아갑니다. 흥미롭게도 국세청을 지칭하는 스웨덴 단어 'Skatteverket'에서 '스캇^{skatt}'은 '보물'이라는 또 다른 뜻도 가지고 있습니다.

저는 이 책이 스웨덴의 조세제도가 모든 국민을 위해 더 나은 사회를 만들어내겠다는 궁극적 목표 아래 어떻게 운영되고 있는지 한국 독자들이 더 잘 이해하는 데 도움을 주기를 바랍니다. 그러한 이해를 통해 한국에도 하나의 영감을 줄 수 있기를 희망합니다.

야콥 할그렌 Jakob Hallgren
(주한 스웨덴 대사)

| 추천의 말 ③ |

제가 2010년 스웨덴 국세청장으로 취임했을 당시, 이미 이 곳은 성공적으로 운영되는 기관이었습니다. 국세청은 개인·법인 납세자의 편의에 맞게 행정 업무를 한다고 인정받았으며, 고객 서비스도 점차 개선되고 있었습니다.

그때나 지금이나, 저는 이런 발전을 수행해나가는 것이 얼마나 중요한지 알고 있습니다. 국세청은 업무 영역을 단순화해야 하고 효율화해야 합니다. 동시에 우리가 그동안 쌓은 신뢰와 고객에 대한 친절한 응대 태도를 지켜나가는 것도 중요합니다.

한편으로 저는 이러한 변화의 여정이 어떻게 시작되었는지도 알게 되었습니다. 우리가 해온 일에 대해 다른 이들로부터 질문을 많이 받고 우리의 조언을 필요로 하는 곳이 있다는 사실을 접하는 것은 매우 기분 좋은 일입니다. 스웨덴 국세청의 역사를 이해하는 것은 지속적 발전을 위해 필요한 일이고, 변화의 과정을 설명해주는 것도 필요하다고 생각합니다. 이 책은 바로 그런 역할을 하는 책이며 그런 의미에서 도움이 될 만한 책입니다.

이 책을 쓴 레나르트 위트베이와 안더스 스트리드는 오랜 기간 스웨덴 국세청에서 근무해왔으며 국세청의 혁신 과정에서 모든 부분에 적극 관여했습니다. 그들은 자신들이 바라본 시각에서 스웨덴 국세청의 이야기를 썼습니다. 좀 더 개인적인 이야기, 자신들의 체험이 가득 담긴 이야기를 그려낸 것입니다.

저는 이 책이 우리 기관만이 아니라 지속적 개선을 위해 노력하는 다른 기관에도 도움과 영감을 줄 수 있으리라 기대합니다. 또한 누구나 흥미롭게 읽을 수 있기를 바랍니다.

잉마르 한손
(스웨덴 국세청장)

| 프롤로그 |

스웨덴 국세청,
끊임없이 혁신하는 기관

"국세청에서 상당한 변화가 일어나고 있어요. 예전에는 국세청에 연락하고 싶어하는 사람들이 없었는데 지금은 뭔가 바뀌고 있어요. 국세청의 태도가 완전히 달라졌어요."

"서비스 평가와 신뢰도 조사를 보면 국세청이 잘해왔다는 것을 알 수 있어요. 국세청이 무슨 일을 했는지 자세히 알고 싶어요. 혁신이 시작된 동기가 무엇인가요? 어떤 방법을 썼어요? 국민의 돈을 가져가는 기관이 어떻게 이렇게 인기를 얻게 되었나요?"

지난 몇 년간 우리는 이런 질문을 많이 받았습니다. 사람들이 국세청 내부의 조직문화가 달라진 것을 알아봐주니, 기분 좋은 일입니다. 이 모든 변화는 우리 스스로 의식적으로 선택한 것이었고, 스웨덴 국세청은 최근 수십 년 동안 매우 달라졌습니다. 변화의 토대는 더 일찍부터 갖추었지만 눈에 띄는 결과와 중요 단계를 밟는 일은 최근 15년에 걸쳐 차근차근 이루어졌습니다. 이 책에는 국세청이 어떤 자각으로 변화를 일으켰는지와 함께 스웨덴에 거주하는 사람들과 스웨덴에서 사업을 하는 개인 등 그 모든 국세청 고객에 관한 이야기를 담고 있습니다.

스웨덴 국세청 내부의 변화를 보여주는 한 가지 명확한 증거는 직원들이 국세청에서 일하는 것에 대한 자부심을 서슴없이 표현한다는 것입니다. 과거에는 그렇지 않았습니다. 우리가 스웨덴 국세청에서 일을 시작했을 당시(레나르트 위트베이는 1988년에, 안더스 스트리드는 1990년에 근무를 시작했습니다)만 해도 국세청에서 일한다는 사실을 외부 사람에게는 말하고 싶어하지 않았습니다. "그냥 사무직이에요" 아니면 "국세청에서 근무하고 있지만 직업훈련을 받으려는 것뿐이에요"라고 말했습니다. 친구들이나 지인들도 우리가 국세청에서 일한다는 것을 썩 좋아하는 것 같지 않았습니다.

돌이켜보면 당시 스웨덴 국세청의 조직문화를 받아들이는 데 걸린 시간은 몇 주에 불과했지만 거기에 의문을 제기하고 변화의 노력에 동참하기까지는 수년이 걸렸습니다.

요즈음에는 스웨덴 국민 대다수가 국세청에 대해 긍정적 이미지를 가지고 있습니다. 그 획기적 실증이 2011년 "스웨덴에서 가장 현대적인 기관"으로 선정된 것입니다. 그 후로도 2년간 스웨덴 국세청은 이 타이틀을 유지했습니다. 당시 심사위원단은 조직 내부에서 발생한 변화를 인정했고, 다음과 같은 심사평을 밝혔습니다.

"스웨덴 국세청은 오랜 노력 끝에 공포스러운 세금징수 기관에서 사랑받는 서비스 기관으로 탈바꿈했다. 그것은 참신하고 사랑받는 국세청을 만들기 위해 기초를 닦는 장기적이고 헌신적인 노력의 시간이었다."

국세청이 자체적으로 실시한 연구에서도 개인이나 법인 납세자가 국세청 내부의 이 같은 변화를 주목해왔음을 보여주는 명확한 증거가 수치로 나타나고 있습니다. 2012년 설문조사에서 응답자의 83%가 국세청을 신뢰한다고 답변했는데, 이는 2006년 이래로 15% 증가된 수치입니다. 거의 모든 고객이 스웨덴 국세청으로부터 제대로 응대받았다고 느낀다는 것인데, 이는 2006년과 비교할 때 명백히 개선된 모습입니다.

2011년 스웨덴 국세청이 "스웨덴에서 가장 현대적인 기관"이라는 타이틀을 얻은 이후 우리는 국가기관, 시정부, 주의회, 그리고 여러 단체를 돌며 200여 차례 강연을 해왔습니다. 국세청의 다른 직원들 역시 이런 주제로 강연을 하고 있습니다. 우리가 일구어낸 성과에 상당한 관심이 쏟아졌고, 우리가 방문했던 기관들도 유사한 어려움 속에서 비슷한 논의를 하고 있다는 사실을 알 수 있었습니다.

하지만 모든 것이 완전히 바뀐 것은 아닙니다. 스웨덴 국세청의 조직문화에는 바람직한 측면도 있고 지속적 개선에 기여할 만한 부분도 있었습니다. 무엇보다도 다양한 아이디어를 두고 공개적으로 토론하는 문화가 있습니다. 조직문화의 이러한 변화는 목표, 목적, 가치를 주제로 끊임없이 토의한 덕분입니다.

이제 스웨덴 국세청은 공포스러운 세금징수 기관에서 사랑받는 서비스 기관으로 변신했습니다. 우리 스스로도 거만한 감시자가 아닌 제대로 된 국민의 봉사자로서 우리 조직을 바라보고 있습니다.

이 책은 그런 경험과 관점에 기초한 이야기입니다. 조직문화의 변화, 고객에 대한 친절한 응대의 중요성, 그리고 높은 수준의 신뢰에 대한 우리의 시각을 담았습니다. 우리는 이 책에서 그동안 학습한 것을 이야기하는 한편, 국가기관의 가장 중대하고 막강한 자산은 바로 '신뢰'라고 확신하게 된 이유를 풀어낼 것입니다.

스웨덴에서 정부기관의 역할

스웨덴은 형식적으로는 국왕 칼 구스타프 16세[Carl Gustaf XVI]가 국가 수장으로 있는 입헌군주제 국가입니다. 군주는 상징적 존재로서 국가의 공식 행사에서 국가 수장 역할을 맡습니다. 또한 스웨덴은 의회민주주의 국가입니다. 4년마다 국회의원 선거가 있으며, 여기서 선출된 349명의 국회의원으로 구성되는 의회[Riksdag]에서 법안이 통과됩니다. 선거 때마다 의회 의장은 새로운 총리를 제안하며, 의회에서 총리가 지명되면 그에 따라 정부가 구성되고 새 총리는 각 부처 및 내각 각료에 대한 임명권을 갖습니다.

각 정부부처는 법을 적용하고 의회와 정부가 결정한 활동을 수행하는 임무를 하는 몇몇 국가 행정기관에 대한 권한을 가집니다. 스웨덴 국세청은 재무부에 보고할 의무가 있는 정부기관입니다. 매년 정부는 산하기관들의 세출예산 방향을 발표합니다. 각 산하기관의 사업목표 및 할당 예산을 작성하는 것입니다. 정부는 예산이 얼마만큼 사용되어야 하는지를 정확히 규정하지는 않으며, 각 산하기관이 법을 어떻게 적용하는지 또 사안마다 어떤 결정을 내려야 하는지에 관한 간섭권도 없습니다. 따라서 각 정부기관들은 독립적으로 결정을 내립니다.

대다수 국가에서는 관할부처가 소속 산하기관의 일상 업무에 대해 직접적 간섭권을 가집니다. 그러나 스웨덴에서는 '소관부처 규칙'이라 하여 일체의 간섭을 금지합니다. 다만 정부는 일주일에 한 번씩 열리는 정무회의에서 모든 정부기관의 활동에 대한 공동 의사결정에 참여할 수 있습니다. 예를 들면 정부 산하기관의 기관장(청장급) 지명은 정부가 결정할 사안이지 각각의 관할부처 소관이 아닙니다.

스웨덴의 정부기관은 정부가 설정한 목표를 달성하는 방법을 정하는 데 높은 수준의 자율성을 보장받고 있습니다. 스웨덴 국세청이 달성해야 할 몇 가지 목표 가운데 우선순위는 다음과 같습니다.

- 공공 분야의 재정을 확보하는 것
- 사회가 제대로 돌아가도록 기여하는 것
- 범죄와 싸우는 것

스웨덴 국세청 내의 규범 대부분은 우리 조직 스스로 결정합니다. 이를 위해 스웨덴 국세청은 장기적 전략 방향을 가지고 있는데, 효과에 초점을 맞춘 '3개년 계획'과 예상되는 결과와 업무로 이루어진 '연 단위 계획'으로 구성됩니다.

스웨덴 국세청은 스웨덴에서 세금을 부과하는 업무, 주민등록 업무(호적, 출생, 결혼, 사망 등의 업무 및 그 이외의 여러 업무)에 대해 절대적 권한을 가진 유일한 기관입니다. 관세, 체납에 따른 강제집행은 국세청이 아니라 다른 산하기관이 수행합니다.

스웨덴 국세청은 본부와 광범위한 업무를 수행하는 지역사무소 한 곳을 포함해 모두 7개 사무소로 구성되어 있습니다.

contents

한국어판 출간에 부쳐 ▪ 4
추천의 말 ▪ 8
프롤로그 스웨덴 국세청, 끊임없이 혁신하는 기관 ▪ 17

01
변화는 어떻게 시작되었나? ▪ 29

유명 영화감독 잉마르 베리만 습격 사건 ▪ 31
국세청은 강제집행을 하는 기관인가? ▪ 34
'서비스'는 수준 낮은 업무인가? ▪ 36
'강제집행'은 단지 수단일 뿐 ▪ 38
우리는 어떻게 달라졌는가 ▪ 40
국세청 입장에서만 보았을 뿐 고객 입장에서는 보지 못했다 ▪ 42
고객의 비판이 변화를 불러왔다 ▪ 44
입장 바꿔 생각하기 ▪ 46
스웨덴 국세청의 세금징수 역사 ▪ 50

02
강제집행은 바람직한가 ▪ 55

강제집행에 대한 태도와 서비스의 변화 ▪ 58
납세자의 실수가 많을수록 세금수입도 늘어난다? ▪ 59
정부의 예산 지원에 부응하기 위한 강제집행 프로젝트 ▪ 62
강제집행의 목적은 무엇인가 ▪ 66
상황에 맞게 모자 바꿔 쓰기 ▪ 69
눈앞에 나타난 변화 ▪ 72
남의 잘못을 찾아내는 일이 재미있다? ▪ 74
스웨덴 국세청의 캠페인 기획안 ▪ 76
어떤 방법으로든 변화를 이끌어내는 것이 중요하다 ▪ 79

03
새로운 비전 ▪ 81

작지만 큰 차이를 만들어내는 단어의 힘 ▪ 83
'공정하게 나누려는' 납세자의 마음이 중요하다 ▪ 84
자발성을 강조한 새로운 전략 ▪ 88
외부의 관점에서 본 미션, 핵심가치 ▪ 90
변하지 않는 가치를 다시 논의하다 ▪ 92
관련 연구를 기초로 한 새로운 전략 ▪ 94
강제집행은 규범을 강화하고자 할 때 유효한 방식 ▪ 96
수치로 확인해보는 전략의 효과 ▪ 98

04
우리 스스로 변화를 만들어내기 ▪ 103

두려움도 때로는 변화의 동력이 된다 ▪ 106
새로운 트렌드로 조심스럽게 접근하다 ▪ 108
또 다른 다양한 변화 요인 ▪ 110

05
오랜 시간 쌓아온 신뢰 ▪ 125

누구라도 신뢰를 쌓을 수 있다 ▪ 127
절차의 정의: 올바른 일을 올바르게 해야 신뢰가 쌓인다 ▪ 129
낮은 신뢰도는 세무조사 때문이 아니다 ▪ 132
신뢰, 아무리 강조해도 지나치지 않다 ▪ 135

06
고객응대는 무엇보다 중요하다 ▪ 139

적절한 타이밍에 이루어진 '공무원 태도 조사' ▪ 141
스웨덴 국세청 직원들의 세 가지 태도방식 ▪ 145
전화 인터뷰를 통한 후속 작업 ▪ 148
나는 어느 유형에 속하는가? ▪ 150
태도 A, B, C 유형을 어떻게 업무에 접목시켰나? ▪ 152
그렇다고 항상 고객이 원하는 것만 하는 것은 아니다 ▪ 163
문서 작성, 쉽고 간단하게 쓰기 ▪ 164
'태도'는 일상의 한 부분 ▪ 169
국가공무원의 역할 ▪ 171

07
고객을 어떻게 바라보고 어떻게 대해야 하는가 ▪ 175

매뉴얼보다 중요한 것은 진정성 ▪ 177
편안한 분위기에서 존중하는 자세로 ▪ 179
고객의 불만과 비판은 발전의 밑거름 ▪ 182
정보를 제공하는 사람에게 필요한 책임과 역량 ▪ 186
질문에 답하는 것을 넘어 문제 해결을 위해 노력한다 ▪ 187

08
관점과 행동방식 바꾸기 ▪ 191

변화의 시작은 고객을 알고 우리 자신을 아는 것 ▪ 193
국세청이 기대하는 것, 납세자가 원하는 것 ▪ 195

'고객'에 대한 접근법 ▪ 198
동영상 인터뷰로 고객의 시각을 생생하게 체험하다 ▪ 202
고객의 의견에 귀를 기울이면 ▪ 204
신뢰를 높이려면 객관적 정보와 수치도 필요하다 ▪ 207
우리의 기본 가치는 잘 구현되고 있는가? ▪ 208
세금신고 마감, 얼마나 늦는 것이 늦은 것인가? ▪ 213
실제 사례로 토의를 하는 것의 좋은 점 ▪ 215
모델과 도구가 변화를 불러오는 것은 아니다 ▪ 216
변화 창출의 주체는 조직 구성원 ▪ 219
사람 대 사람으로 만나기 ▪ 220

09 스웨덴 국세청은 어떻게 성공했는가 ▪ 225

우리는 꾸준히 변화해왔다 ▪ 227
변화하는 과정에서 목표도 변한다 ▪ 229
지속적 변화를 위한 최상의 조합 ▪ 230
문제는 '직원'이 아니다 ▪ 231
사람에 따라 다른 방식으로 설득하기 ▪ 234
운과 우연 그리고 타이밍 ▪ 236
우리가 바꿀 수 있는 것은 우리 자신뿐 ▪ 238

10 아직 더 가야 할 길 ▪ 239

모든 고객을 동일하게, 객관적으로 응대해야 한다 ▪ 241
사용자 입장에서 정말로 좋은 서비스를 제공할 것 ▪ 244
새로운 전략을 찾아서 ▪ 249

01 / 변화는 어떻게 시작되었나?

문화라는 것은 언제나 변합니다. 그렇지만 그 변화에는 역사와 과거 전통에 대한 이해와 존중이 함께 있어야 합니다. 변화는 하루아침에 일어나는 것이 아닙니다. 아주 오랜 여정이며, 그 길에서 무엇이 어떤 영향을 끼칠지 예측하기도 불가능합니다. 무작위로 발생한 사건들이 훗날 중요한 것으로 입증될 수도 있습니다. 조직 전체의 기억과 역사야말로 조직 내부의 문화가 발전하고 변화하는 방식에 큰 영향을 줍니다.

"스웨덴 국세청은 어떻게 그토록 훌륭하게 성공했습니까?"

우리는 이런 질문을 하는 상대방이 대개는 따라 하기 쉽고 빨리 성과를 얻을 간단한 답변을 기대한다는 사실을 알게 되었습니다. 그런 답변이 존재한다면야 근사한 일이고, 그 많은 변화가 실은 아주 오랜 시간에 걸쳐 일어난 일이라는 대답에 실망하는 이들도 있다는 것을 압니다. 하지만 지름길은 없습니다. 문화적인 면에서 실질적 변화를 이루어내려면 긴 시간과 고된 작업이 필요합니다.

따라서 위 질문에 대한 가장 정직한 답변은 아마 "저희도 정말 모릅니다"일 것입니다. 왜냐하면 여러 가지 시도와 노력이 어떻게 전체적인 모양을 갖추게 되었는지 우리도 정확히 알 방법이 없기 때문입니다. 다만 우리가 아는 것은 스웨덴 국세청이 조직문화의 변화를 잘 이끌어왔고 그 변화에 몇 가지 요인이 존재한다는 점입니다. 바로 그 이야기를 이 책에 담을 것입니다. 우리는 보통 스웨덴 국세청과 잉마르 베리만 Ingmar Bergman의 첫 만남에서 이야기를 시작합니다.

유명 영화감독 잉마르 베리만 습격 사건

스웨덴 국세청의 발전에 큰 영향을 준 사건이 1976년에 발생했습니다. 스웨덴 국세청 대표단과 경찰은 스톡홀름에 있는 왕립극장을 덮쳤습니다. 당시 조세회피 혐의를 받고 있던 영화감독 잉마르 베리만을 체포하기 위해서였습니다. 이 사건은 스웨덴 국내뿐 아니라 외국에서도 엄청난 화제를 모았습니다. 잉마르 베리만은 격분했고 결국 스웨덴을 떠나 독일로 이주했습니다. 1976년 4월 22일 《엑스프레스 Express》지는 이렇게 보도했습니다. "베리만이 스웨덴을 떠났다!" 스웨덴 국세청의 만행으로 인해 그는 "전 재산을 챙겨 떠나버렸다."

잡지 《프리바타 아페레 Privata Affärer》는 2015년 3월에 다시 그때 그 사건을 다루었습니다. 《엑스프레스》 보도에 대한 베리만의 공식 입장을 실은 것입니다. "나는 내 적들이 공정하고 객관적이며 열심히 일하고 또 판단력이 있는 권력자가 아님을 깨달았다. 오히려 그들은 특권의식에 사로잡힌 포커 게임 선수 집단이다." 당시 총리였던 올로프 팔메 Olof Palme도 자기 의견을 표명했습니다. "스웨덴 국민은 자신들의 삶의 터전을 수색하는 경찰국가를 원하지 않는다. 그런데도 국세청에서 파견된 탐정들은 바짝 따라붙으며 사냥감을 물색하고 있다."

잉마르 베리만은 결국 대체로 무혐의 판정을 받았지만, 그는 자신이 세금을 물어내야 한다는 사실 때문에 분노한 것이 아님을 세간에 분명히 밝혔습니다. 그가 분노한 것은 당시 국세청이 취한 태도 때문이었습니다. 정부기관이 국민에게 어떤 태도를 보여주는가 하는 문제는 적어도 그들이 실제로 수행하는 일만큼이나 중요합니다.

이 사건은 우리가 스웨덴 국세청에서 일하기 전에 있었던 일이지만 아직까지도 그때 이야기를 듣습니다. 어떤 사람은 당시 왕립극장으로 출동했던 국세청 관료 두 명이 똑같이 검정 가죽 코트를 입고 있었다고 말합니다. 만약 그것이 사실이라면 국세청에 대한 베리만의 인상은 좀처럼 바뀌지 않을 것입니다.

이 사건에 대한 기억이 여전히 살아 숨 쉬고 있다는 것이 그 사건의 중요성을 보여줍니다. 이 사건을 계기로 국가기관이 어떻게 행동해야 하는지에 대한 다양한 견해와 의견이 쏟아졌습니다. 국세청의 이미지는 타격을 입었으며 "우리가 정말 이런 모습으로 비치는가? 우리는 과연 이렇게 보이고 싶은가?"라는 물음이 제기되었습니다.

베리만 사건이 상당한 반향을 불러일으켰음에도 불구하고, 국세청의 조직문화가 즉각적 변화로 나아가지는 못했습니다. 그때만 해도 국세청은 '서비스 기관' 이미지와는 동떨어져 있었고, 조직 전반에서 광범위한 변화가 시작되기까지는 수년이 더 걸렸습니다.

국세청은
강제집행을 하는 기관인가?

잘 생각해보면 국세청은 언제나 강제집행을 하는 기관■이었고, 여전히 그렇습니다. "강제집행은 우리의 주요 사명"이라는 식의 표현을 자주 듣습니다. 국세청에서 '강제집행'은 언제나 중요한 문제였습니다. 그래서 국세청 내부에 점차 도입된 '서비스' 개념은 강제집행에 대한 일종의 위협이자 조직의 정체성과 사고방식에 대한 도전으로 받아들여졌습니다.

1983년부터 1995년까지 스웨덴 국세청장이었던 레나르트 닐손은 여러 차례 서비스의 중요성을 이야기했습니다. 초기에는 국세청 누구도 그의 말을 이해하지 못했을 것입니다. 하지만 운영진의 메시지에 무게가 실리고 그들이 생각을 일깨워주면, 언제라도 중요한 영향력을 발휘하기 마련입니다. 그 뒤 재임했던 국세청장들은 모두들 서비스의 중요성과 고객존중 자세를 강조했습니다. 그렇다고 강제집행의 중요성이 덜하다고

■ 한국에서 강제집행은 독촉, 압류, 공매 등 체납처분을 의미하지만 스웨덴에서는 세무조사, 가산세 부과, 범칙 조사 등 국세청이 강제적으로 법을 집행하는 일체의 권력을 의미한다. — 옮긴이

말한 적은 없습니다. 오히려 '강제집행은 핵심적 업무'라는 것이 인정되었습니다. 다만 조직 차원에서 굳이 의식적으로 확인할 필요가 없어졌을 따름입니다.

한 예로 예전에는 강제집행의 효과에 의문이 제기된 적이 없었습니다. 아무도 그것이 실제로 효과가 있는지 증거를 요구하지 않았습니다. 반면 누군가가 강제집행을 실행하기 전 납세자에게 충분한 정보를 제공하는 등의 예방조치를 해보자고 제안한 경우에는 달랐습니다. 증거가 필요했습니다. 이러한 제안이 설득력 있게 받아들여지려면 실제로 시행해볼 만한 가치가 있음을 입증하는 증거나 연구가 뒷받침되어야 했습니다. 강제집행이 여러 항목에서 필수적으로 검토되어야 한다는 주장 자체가 잘못된 것은 아니었습니다. 경우에 따라서는 강제집행을 해야 단기적으로 세금을 더 걷을 수 있다는 말 자체를 반박할 수 없기도 했습니다. 결국 최근 몇 년 사이에야 강제집행이 단순히 세수 증대의 수단을 넘어 장기적으로는 납세자 태도에 영향을 끼친다는 점이 부각되었습니다.

'서비스'는 수준 낮은 업무인가?

스웨덴 국세청에서 근무하면서 우리는 '강제집행'은 높은 평가를 받는 반면 '서비스'에 대해서는 평가가 낮다는 점을 금세 알게 되었습니다. 어떤 사람이 '강제집행' 업무를 담당하는지 직접 보고 나니 그 사실은 더 명확했습니다. 1980년대 후반을 지나 1990년대로 접어들면서 국세청 직원은 '공무원'과 '사무보조' 두 그룹으로 나뉘었습니다.

우리 두 사람은 솔렌투나 지역 세무서에서 공직 생활을 시작했습니다. 그곳에는 방문객들을 응대하고 전화를 받는 서비스팀이 있었지만, 우리는 거기서 근무할 생각이 없었습니다. 이런 '서비스' 업무는 사무보조들이 맡았습니다. 우리는 '공무원'이었고 그래서 세무조사 담당관이 되었습니다. 신입 직원으로서 처음 맡은 업무는 세무조사팀 책상에 있는 개인 납세자의 소득신고 내역을 검토하는 것이었습니다. 주 업무는 납세자에게 질문하고 공문을 보내 추가 서류를 요구하는 일이었습니다. 일정 기간이 지난 뒤 우리는 사업자의 소득신고 내역을 검수하는 좀 더 숙련도가 요구되는 업무를 맡았습니다. 그다음 단계는 사업장을 방문해 회계장부를 검토하는 현장 세무조사였습니다. 세무조사 중에서도 가장 높은 단계에 해당하는 업무였습니다. 그중 유한회사, 특히 대기업에 대한 세무조사가 그랬습니다.

물론 '공무원'이라 해도 때로는 전화 문의에 응대해야 했습니다. 상담 전화를 언제 받을 것인지 스케줄이 나오는데 보통은 납세자가 세금신고서를 제출하는 시기, 즉 국세청이 가장 바쁜 2월이었습니다. 국세청 내 공무원들은 대체로 이 일을 하고 싶어하지 않았습니다. "업무를 할까요? 아니면 전화만 받을까요?" 이런 질문을 던지곤 했는데, 왜냐하면 그들에게는 전화 응대가 실질적 업무로 여겨지지 않았던 것입니다. 전화 응대를 하느라 세무조사 업무에 쓸 시간을 빼앗긴다고 생각했던 것입니다. 조직 내에서 가장 고차원적인 업무를 한다고 여겨지던 정규직 현장 세무조사 담당관들은 전화 응대 업무는 하지 않겠다며 거부하는 일도 자주 있었습니다.

반면 우리는 전화 응대 업무를 하면서 재미를 느꼈습니다. 사람들의 질문에 답해줄 수 있다는 것 자체가 성취감을 주었고 상대방에게서 자주 고맙다는 말을 들었습니다. 이 응대 업무로 우리는 매일 25건 정도 되던 세금신고 서류 더미에서 벗어나 다소 유쾌한 일탈을 할 수 있는 휴식 시간을 얻었습니다.

우리 두 사람이 이 점에서 생각이 같다는 사실도 발견했습니다. 우리는 세무조사 담당관이기에 강제집행 업무도 전혀 반대하는 입장이 아니었습니다. 하지만 다른 동료들과는 달리, 미래에 세무조사 담당관으로 일하는 모습을 그려본 적은 없습니다. 세무조사가 도전적이고 흥미로운 업무일지라도 우리는 조직 내 구성원의 업무 방식을 발전시키는 일을 할 때 더 만족감을 느낀다는 사실을 깨달았던 것입니다. 그런 생각을 하고 있었기 때문인지 우리에게 다른 방식으로 업무를 하고 또 개선해나갈 수 있도록 폭넓은 권한이 주어졌습니다. 당시 우리의 상사였던 솔렌투나 세무서 서장은 오랜 기간 전폭적 지원을 아끼지 않았습니다. 이를 통해 좋은 동료애를 경험한 동시에 우리의 일에서 큰 즐거움을 느낄 수 있었습니다.

'강제집행'은
단지 수단일 뿐

우리 두 사람은 강제집행 활성화 업무에 투입되었고, 1990년대 초창기에 전산추출 시스템■이 특별 도입되었습니다. 그 덕

■ 국세청 전산망에 등록된 납세자의 세금신고 내역을 컴퓨터가 데이터로 읽고 추가 조사 대상을 선정하는 방식을 말한다. ― 옮긴이

분에 세금신고 서류 더미를 뒤지며 조사하지 않아도 되었습니다. 그 대신 컴퓨터가 추가 조사가 필요한 신고 내역을 선택해 주었습니다. 당시만 해도 혁신적이고 흥미로운 시스템이었습니다. 결국 우리에게는 스톡홀름 주의 세금신고 내역들에 대한 전산추출 시스템을 총괄하는 책임이 주어졌습니다.

1997년 우리는 지금의 본청이라 할 수 있는 전前 '국가세금위원회'로 발령이 났고, 세무조사를 위한 전산추출 방식을 전국적으로 관리하는 역할을 맡았습니다. 우리 두 사람 모두 "강제집행 전략가"가 되어 강제집행 부서에서 근무했습니다. 둘 중 누구도 이런 상황을 이상하다고 생각하지 않았습니다. 그 무렵 우리는 세무조사 담당관이었지만 동시에 서비스에 대해서도 긍정적 입장을 가지고 있었습니다.

그러나 강제집행 업무를 직접 해보면서 그 실질적 목적이 무엇인가 하는 의문을 갖게 되었습니다. 강제집행이 중요하다는 것은 알지만 그 자체로는 본질적 가치가 없는, 다른 어떤 것을 달성하기 위한 수단에 불과한 것입니다. 여기서 '다른 어떤 것'이 무엇이라고 간단히 묘사할 수는 없습니다. 그렇지만 강제집행이 유일한 수단이자 도구라는 기존의 생각은 또 다른 많은 수단이 있으리라는 생각으로 이어졌습니다. '서비스'가 바로 그런 수단 중 하나였습니다. 조직이 이루고자 하는 목표에 따른 방법과 수단의 선택이라는 측면에서도 시야를 넓혀야 함을 이해하기 시작한 것입니다.

그때부터 우리는 강제집행 전략, 서비스, 조직, 기획, 신뢰와 태도에 관한 내용을 포함한 '국세청 발전 전략' 작업에 착수했습니다. 그리하여 2000년대 이후에도 계속해서 이런저런 방법으로 이 주제들을 연구해오고 있습니다.

우리는 어떻게 달라졌는가

스웨덴 국세청에서 근무를 시작한 공무원도 여느 근로자와 다르지 않습니다. 우리 두 사람도 마찬가지입니다. 하지만 당시 우리는 어렸고 공공기관의 성격이 어떠해야 하는가에 대한 실제적 개념을 가지고 있지 않았습니다. 우리는 직접 보고 경험한 것을 출발점으로 삼아 일하는 방식을 배워갔습니다.

일을 시작했을 때 우리는 거만한 세무조사 담당관이 아니었고 결코 그런 방향으로 성장해가지도 않았습니다. 과거에 자주 접했던 관점과는 반대로 요즘에는 '사람 잡으러 다니는 것'이 재미있어 국세청에서 근무하겠다는 사람은 없습니다.

우리는 그런 일 자체에 관심이 없을뿐더러 실은 그렇게 생각하는 사람을 본 적도 없습니다(극소수 예외는 있습니다만).

스웨덴 국세청에서 수십 년 근무한 사람 중에 그런 생각을 가진 사람은 없었습니다. 근무 초기에 가장 우리의 관심을 끌었던 것은 모든 신입 공무원이 받는 '트레이닝'이었습니다. 실무에 들어가기 전에 이뤄지는 2년의 이론 과정이었습니다. 일단 트레이닝을 끝내고 나서 입사를 확정해도 되겠다는 생각이 들었습니다. 당시 우리는 발전 가능성이 있는 일을 해야겠다고 생각했습니다. 그런데 국세청 업무가 예상보다 흥미로웠고 발전 가능성도 있었으며, 국세청이라는 기관도 나름 괜찮은 고용주였습니다.

입사 초기에는 입법·규칙·회계를 배웠습니다. 세법 개정에 대해 배우는 것은 당연히 유용하고 필요했습니다. 하지만 그 세법을 실제 업무에 적용하는 방법은 제대로 배우지 못했다는 사실을, 세무서에 배정받을 때까지는 미처 몰랐습니다. 어느 누구도 우리에게 세금신고 내역을 어떻게 검토하고 어떻게 결정통지문을 쓰며 개인 납세자와 어떻게 소통해야 하는지 알려주지 않았습니다. 신입 공무원 교육 기간 중에는 법 조항에 따라 무엇이 맞고 틀린가 가려내는 일에만 초점이 맞춰져 있었습니다.

국세청 입장에서만 보았을 뿐
고객 입장에서는 보지 못했다

근무 첫날부터 우리는 줄곧 국세청에서 말하는 '고객'은 납세의무가 있는 단위를 지칭하는 것이라고 배웠습니다. 우리도 다른 동료들처럼 이 용어를 썼습니다. 실제 업무에서 기본적으로 전문 용어를 썼고 '에스코에스코^{sksk}'■ 같은 스웨덴어 약어를 대신 사용했습니다. 우리는 이것이 잘못됐다고 여기지 않았으며 이 약어가 우리의 사고방식에 어떤 영향을 줄지에 대해서는 고민조차 해보지 않았습니다.

예전에 우리가 '납세의무 단위'들에게 어떤 문서를 보내고 어떻게 결정을 내렸는지 되돌아보면, 결정통지문을 작성하는 방식과 우리의 행동방식에 대해 숙고하지 못했기에 부끄럽게 느낍니다. 그때 우리가 내린 결정은 물론 객관적으로야 틀린 내용이 아니었지만, 실제적으로는 일반인이 이해하기 어렵게 세심한 배려 없이 작성되었던 것입니다. 신입 교육 기간에

■ '에스코에스코^{sksk}'는 스웨덴어 'skattskyldig'라는 단어의 약어다. 한국어로 옮기자면 '납세의 의무가 있는'으로, 이 단어는 '세금 빚을 지고 있는'이라는 부정적 의미를 내포하기 때문에 납세자들이 좋아하는 단어는 아니다. — 옮긴이

도 고객들에게 보내는 공문을 어떻게 작성해야 하는지 교육받은 적이 없었습니다. 그 대신 세무서의 노련한 선배 공무원들이 이미 작성해놓은 결정통지문 견본이 있었을 뿐입니다. 그들 역시 이전의 선배들로부터 배운 것이었습니다. 많은 경우 1970년대에 만들어진 특정 사례에 대한 결정문 견본이 다른 결정통지문 작성에 사용되었고, 이런 식으로 계속 재탕이 되면서 결국 일반인들은 아무리 읽어도 이해할 수 없는 지경에 이르렀습니다.

그 대부분의 견본이 요즘에는 도저히 용납되지 않는 내용으로 구성되었습니다. 예를 들면 "우리는 믿는다"와 "해야만 한다" 같은 문구가 그렇습니다. 가장 빈번히 사용된 문구는 "전체적 평가 후에…"라는 문구였는데 흔히 공무원들이 결정 내용을 어떤 식으로 정당화해야 할지 알 수 없을 때 쓰던 말입니다. 쉽게 말해 어느 누구도 불평할 수 없도록 결정을 정당화하는 가장 수준 낮은 방법이었습니다.

하지만 기억해야 할 중요한 사실은 우리를 포함해 그 누구도 납세자들의 삶을 일부러 어렵게 만들려는 의도는 없었다는 것입니다. 우리는 정확히 일하고 싶었고 모든 사람이 정확한 금액의 세금을 내도록 했을 뿐입니다. 그래서 강제집행을 통해 어마어마한 금액의 세금이 거둬지면 뿌듯해했습니다. 하지만 납세자는 그렇지 않았습니다. 이는 단지 국세청의 미션을 달성하는 데 지나지 않았습니다. 우리는 국세청 관점에서만 업무를 보았을 뿐 고객의 입장에서는 바라본 적이 없었던 것입니다.

각 세무조사 담당관이 얼마나 많은 세금추징 실적을 냈는가가 업무 성과를 평가하는 척도가 되었습니다. 측정하기도 쉽고 매우 구체적이기 때문입니다. 그들에게 '납세자'는 살과 피를 가진 사람이 아닌 추상적 개념에 불과했습니다. 어떻게 하면 수년 전 신고된 세금 내역까지 샅샅이 조사하거나 조사 내역의 기타 항목까지 철두철미 검사해 세금을 더 징수할 수 있을지에 대해서만 논의의 초점이 맞춰져 있었습니다.

고객의 비판이 변화를 불러왔다

우리 두 사람도 점차 스웨덴 국세청 조직문화에 물들었습니다. 하지만 납세자와 만나 그들이 우리 세무 공무원들을 어떻게 느끼는지 알게 되면서 관점이 달라졌습니다.

그런 만남 중 하나가 당시 괜찮다고 생각한 아이디어의 결과물로 인해 이루어졌습니다. 그때 우리는 직원 봉급 명세서를 제출하지 않은 고용주들을 독려할 좋은 아이디어를 생각해냈습니다. 법 조항 어디에선가 직원 봉급 명세서를 제출하지 않으면 최악의 경우 징역형에 처해질 수 있다는 내용을 발견했습니다. 원래는 해당 고용주들에게 안내문을 보내 겁을 주자는 생각이었습니다. 그런데 한 여성이 독촉장을 손에 든 채 숨을 헐떡이며 우리 사무실을 찾아왔습니다. 그녀는 두려움에 떨고 있었습니다. 사무실의 누군가가 그녀를 진정시키며 그리 심각한 상황은 아니라고 설명해주었습니다.

이 만남은 우리에게 큰 여운을 남겼습니다. 더는 사람들을 놀라게 하고 싶지 않았습니다. 그 후 그런 방식으로 안내문을 작성하는 일도 중단했습니다. 그 일은 우리가 보내는 공문을 받는 사람이 그것을 어떻게 받아들이는지 배울 수 있게 해주었습니다.

때로 우리는 이미 만들어놓은 견본 서식을 사용하기도 했습니다. 당시만 해도 납세자 소득이 매우 낮을 경우 소득세 신고서 특별공제가 적용되었습니다. 생계가 특히 어려운 경우에는 고정비로 지출되는 생활비에 대해 공제를 받을 수 있었습니다. 문제는 과거 세금신고 내역이 검토될 때는 그 공제 혜택이 소급 적용되지만 당해 연도에는 적용되지 않는다는 것이었습니다. 국세청 내 직원 한 사람이 이 사실에 착안해 그런 경우에는 공제 혜택을 기각한다는 내용을 담은 견본 서식을 미리 만들어두었습니다. 결국 이 서식의 논점은 당해 소득연도에 납세자는 생존할 만큼의 수입은 있었기에 공제를 받을 필요가 없다는 것이었습니다. 복잡하고 관료적으로 작성된 터라 대다수 납세자는 그 내용을 이해조차 못하고 국세청의 결정을 받아들일 수밖에 없었습니다.

그러나 한 납세자가 그 의미를 제대로 파악하고는 다음과 같은 답장을 보내왔습니다. "제가 굶어 죽지 않고 생존한 것은 절대적 사실입니다. 하지만 그것이 세금공제를 받느냐 마느냐를 결정하는 요구 사항이 되어서는 안 되죠."

아주 맞는 말이었습니다. 이 일을 계기로 우리는 각종 서식 및 규정들에 대해 자문해보았습니다. 애초 누군가에게 해를 끼치려는 의도는 아니었지만, 결과적으로 납세자들의 그러한 불만과 비판이 국세청 내부에 변화를 불러왔습니다.

입장 바꿔 생각하기

공공영역에서 일할 때 얻는 혜택이라면 큰돈을 벌 가망은 없지만 의미 있고 유용한 일을 하고 싶다는 욕구를 충족해준다는 점입니다. 작은 일이라도 그 일 자체로 의미가 있습니다.

우리는 사회가 제대로 돌아가고 법이 목적에 맞게 적용되기를 원하는 것입니다. 하지만 시작 단계부터 이런 동기부여가 가능할지 아니면 일을 하면서 차차 생겨나는 것인지는 확신이 서지 않았습니다. 분명한 것은 우리에게는 아주 많은 책임이 따른다는 사실이었습니다.

그렇다 해도 여전히 납세자들은 국세청을 상대하기 어렵고 도움이 안 되며 자신들 인생을 더 복잡하게 만드는 존재로 여길지 모릅니다. 이는 아마 국세청이 가진 입장과 관련될 것입니다. 국민에 대한 국세청의 입장은 국민이 국세청을 바라보는 관점과 전혀 다를지도 모릅니다.

그래서 아무리 친절하고 친화력 있는 사람도 국세청의 업무 영역에서는 상대하기 어렵고, 심지어 건방져 보입니다. 그러나 이것이 조직문화를 바꿀 이유가 되기도 합니다. 직원들의 근본 가치관을 바꾸거나 모든 직원을 물갈이해야 한다는 이야기가 아닙니다. 대부분은 괜찮은 가치관을 가지고 있습니다. 다만 보통의 사람들은 새로운 생각을 배우고 입장을 바꿔 생각하다 보면 각자의 가치관에 따라 살더라도 때에 따라서는 다른 방식으로 행동할 필요가 있다는 사실을 깨닫곤 합니다. 이것이 바로 세상을 바라보는 각자의 세계관이기도 합니다.

고객의 입장 또는 그 고객의 입장을 볼 수 있는 능력이 중요합니다. 입장을 바꾸어서 본다는 것은 자신의 행동을 다른 관점에서 보기 시작한다는 뜻입니다. 국세청에서 수년간 근무한 뒤에야 우리는 이런 사항을 더 깊이 고민하게 되었습니다.

예를 들면, 1990년대 초에 우리는 결정통지문 작성법 강좌를 개설하자는 제안을 했습니다. 더 간단히 더 잘 이해하도록 만드는 것이 중요하다는 요지였습니다. 유감스럽게도 이 제안은 받아들여지지 않았습니다. 당시 국세청 조직은 변화를 위한 준비가 되어 있지 않았고 우리 역시 그 문제가 단순히 결정통지문 작성법 이상의 문제임을 깨닫지 못했습니다. 그야말로 변화를 위해 시간이 필요한 국세청의 조직문화 문제였던 것입니다.

솔렌투나 세무서에서 우리가 일을 시작했을 때만 해도 전화교환대에 전화기가 한 대뿐이었습니다. 전화를 건 사람이 통화하고 싶은 사람과 연결해달라고 일일이 요청해야 했습니다.

오후 3시면 전화교환대 업무가 끝나 그 이후로는 납세자의 문의전화가 없었습니다. 대다수 직원들은 다행이라고 생각했습니다. 뒤이어 기술이 발전하고 고객은 아무 때나 직통전화를 할 수 있었습니다. 그러자 직원들 사이에선 큰 걱정거리가 생겨났습니다. '사람들이 이제 아무 때나 전화를 하게 됐다!' 직원 중에는 자신의 이름으로 보내는 통지문에 통화 가능 시간을 명시함으로써 이 문제를 해결해보려 했습니다. 사실 우

"우리는 모두 각자의 가치관에 따라 살아갑니다.
하지만 때로는 새로운 생각을 배우고
입장을 바꿔볼 필요도 있음을 깨닫습니다.
그러면 다른 방식으로 행동할 필요가 있다는 것도
알게 되죠."

리 둘은 사람들이 어쨌든 전화를 할 것이기에 전체 통화 건수는 결국 동일하다는 것을 알고 있었고 그래서 이를 문제로 여기지 않았습니다. 이런저런 이유로 우리가 통지문을 보냈던 사람들은 보통 전화를 했습니다. 그들과 대화를 나눈 것은 나름 도움이 되었습니다.

당시에 받은 대략적 느낌이라면 납세자는 불편한 존재로 여겨진다는 것, 공무원들은 그저 '조용히' 일하고 싶어한다는 것이었습니다. 물론 이는 공무원들의 과중한 업무 부담 때문이거나, 혹여 질문에 답을 줄 수 없는 경우 전화상담 자체가 두렵기 때문입니다. 지금은 상황이 나아졌습니다. 이제는 공문에 직통번호를 공개합니다. 하지만 요즘엔 이메일 공개 여부를 두고 이전과 유사한 논쟁이 일어나고 있습니다. 사실 이런 논의 자체가 우리에게는 유익했고 고객 입장에서 사물을 바라보는 것이 중요함을 이해할 수 있게 해주었습니다.

스웨덴 국세청의 세금징수 역사

이제 1970년대 스웨덴 국세청에서 어떤 변화가 일어났는지 이야기해보려 합니다. 1970년대는 뒤이어 나타날 변화에 중요한 기간이었기 때문입니다. 그런데 특수한 조직문화와 사고방식을 이해하려면 시간을 더 거슬러 올라가 살펴보는 것이 도움이 됩니다. 따라서 잠시 1678년 이후로 스웨덴이 세금징수를 어떻게 해왔는지 간단히 설명하겠습니다.

구두로 하는 세금신고와 개인정보

1678년 스웨덴 의회(귀족, 성직자, 중산층 시민, 농민으로 구성)는 세금을 징수하는 특정 기관을 만들기로 결정했습니다. 소도시 주민들에게 재력과 지불능력■에 따라 세금을 책정하여, 세금을 부과할 만한 숙련된 기술을 보유한 일부 시민대표들과 함께, 각 도시에 국가기관인 사법관이 세금을 부과할 수 있도록 권한을 위임받았습니다. 이를 위해서는 납세자가 마을의 재정 담당자에게 자신의 소득을 구두로 밝혀야 했습니다.

이 방법은 1719년 시민들이 '전문 세금평가사'를 선출하면서 좀 더 발전했습니다. 세금평가사는 보통은 자기 양심에 따라 주민들이 얼마의 세금을 내야 하는지 계산했습니다. 그 측

■ 스웨덴 국세청 소책자 RSV 216. 〈100여 년 지속된 세금신고의 역사와 과거 기록들〉.

정치는 납세자가 말해준 것과 다른 사람이 말해준 해당 납세자의 개인정보를 기초로 했습니다.

그러던 것이 1861년 '위임위원회'라고 불리는 제도가 도입되면서 방식이 변경되었습니다. 납세자들이 직접 자신의 소득 정보를 제공하는 것이 불필요하다고 여겨졌기 때문입니다. 각 관구(管句)별로 위임위원회가 설립되어 여기서 각 납세자에게 알맞은 과세 제안서를 제출했습니다. 이 제안서는 개인정보와 수집된 자료에 근거해 작성되었습니다. 그리고 각 시와 관구 내의 '특별세금평가위원회'가 제안서를 승인했습니다.

'위임'이라는 단어는 추가 과세를 하는 특수 상황을 설명할 때 쓰인 용어이지만 실상 의회가 왕에게 과세의 권한을 (왕이 단독으로 결정하는 세금과는 달리) 위임한다는 의미였습니다. 과세에 대한 모든 권한은 1809년 의회로 이양되었습니다. 그해부터 스웨덴 헌법은 "스웨덴 국민이 세금을 얼마를 낼 것인지 정해주는 전통적 권리는 앞으로 의회에서만 행사할 수 있다"라고 명시했습니다. 이처럼 과세를 위한 의사결정 과정에 납세자가 직접 관여하는 것은 오랜 전통이며 이것이 세금과 관련해 스웨덴이 보여주는 높은 도덕성에 어느 정도 기여했다고 볼 수 있습니다.

종합소득세 신고의 도입

1902년 납세자가 개인소득 정보를 직접 제공하는 방식으로 다시 돌아갔습니다. 종합소득세 신고가 도입된 것도 그때였습니다. 기존의 위임위원회들은 폐지되었고 대신 각 자치시별로 '세금평가이사회'가 설치됐습니다. 이사회에서 직접 세금신고 내역을 검토했고 이사회 회원들은 본업과는 별도로 여가 시간에 이 업무를 했습니다.

1928년에는 '세금평가이사회'를 폐지하고 공무원이 직접 세금신고 내역을 검토해야 한다는 제안이 나왔습니다. 하지만 세금평가사의 전문지식이 중요하다고 여겨졌기 때문에 그 제안은 받아들여지지 않았습니다. 그리고 이때만 해도 세금 영역에서 일하는 공무원이 많지 않았고 대부분 주 단위 행정이 사회에 회계원이 있었습니다.

더 평등한 세금평가 제도를 활성화하고자 '국가세금위원회'라는 중앙기구가 1951년에 세워졌습니다. 1955년 새로운 조세 조항이 도입되어 세금보조원 형태로 정규직 근로자가 세금평가 업무 보조를 맡았습니다. 세무조사 담당관도 채용했습니다.

세무조사 영역에서 업무를 수행할 세무 공무원은 1975년이 되어서야 대규모로 채용되었습니다. '세금평가위원회'는 의사결정 기구로 존속했습니다. 1992년 '세금협의회'가 만들어지면서 기존의 평가위원회는 의사결정 권한이 없어지고 국세청의 의사결정을 도와주는 것으로 역할이 축소되었습니다. 2012년 '세금협의회'가 다시 폐지되었습니다. 이렇듯 때로는 변화에 오랜 시간이 걸렸습니다. '세금협의회'는 더는 중요한 역할을 수행하지 않았지만, 1719년의 '세금평가사' 시절부터 1861년의 '위임위원회'에 이르기까지 긴 세월이 남긴 유산이었습니다.

1971년 '국가세금이사회'가 '국가세금위원회'를 포함해 여러 정부기관과 통합해 새롭게 탄생했습니다. 지금의 스웨덴 국세청은 그때의 '국가세금위원회'가 2004년 여러 지역의 관할 세무서와 통합되면서 설립된 것입니다.

스웨덴 국세청이 현재 모습을 갖추게 된 기간은 그 긴 역사와 오랜 전통에 비하면 상대적으로 얼마 되지 않습니다. 이런 나름의 특징이 스웨덴 국세청의 조직문화와 발전에 의심의 여지 없이 큰 영향을 주었습니다.

02
/
강제집행은 바람직한가

스웨덴 국세청은 존립 자체의 위기를 경험한 적이 없습니다. 국세청의 업무는 공공영역에 재정을 확보하고 사회가 제대로 돌아가도록 하며 조세범죄와 싸우는 것입니다. 이러한 사명은 지난 세월 동안 세금 업무 외에 주민등록과 같은 기타 업무 영역이 추가된 것을 제외하고는 본질적으로 변하지 않았습니다. 어느 누구도 세무행정의 필요성에 의문을 제기하지 않았습니다. 이 점은 우리에게 어느 정도 안정감을 주었습니다. 반대로 다른 기관들은 늘 자신의 정체성과 존립의 근거를 찾고 있는 것처럼 보였습니다.

그 대신 국세청은 좋은 결과가 무엇인가 하는 질문과 싸워야 했습니다. 공공영역에 쓰기 위해 가능하면 많은 돈을 거둬들이는 것일까요? 이러한 생각이라면 강제집행을 통해 세금을 많이 물리는 것이 그 답이 될 수 있습니다. 하지만 강제집행으로 거두는 추가 세금은 이론적으로 보면 제대로 걷힌 전체 세금의 1~2%를 차지할 뿐입니다. 의도치 않았던 실수와 고의적 조세회피는 전체의 8~9%를 차지합니다. 결국 신고된 세금의 90%는 애당초 제대로 낸 세금인 셈입니다.■ 가장 중요한 것은 이 같은 정상 징수액 수치를 강제집행으로 징수한 금액에 비해 상대적으로 늘리는 것입니다. 국세청 내에서도 여기에 대해 다각도로 논의해왔는데, 이것이 국세청 이미지에 영향을 주기 때문입니다.

　최근까지 국세청은 목적·목표와 수단에 대해 활발한 논의를 해왔습니다. 이를 구체적 측정치로 표현할 수는 없지만 조직을 발전시키는 데 언제나 도움이 되었던 것은 분명합니다. 국세청에서 근무하는 동안 우리는 환영받지 못하는 의견들이 제시될 때도 자유롭게 논쟁에 참여했습니다. 다양한 의견에 대한 열린 자세는 조직문화 발전이라는 관점에서 아무리 강조해도 지나치지 않습니다.

　국세청이 이런 의견을 수용할 만큼 충분히 큰 조직이고 "읽

■ 　2007년 국세청의 택스 갭에 대한 조사 결과이다. 2008년 〈스웨덴의 택스 갭 지도〉. 택스 갭 관련 수치는 정확히 측정하기가 매우 어렵기 때문에 불확실성을 내포한다.

고 쓰는" 조직이기 때문입니다. 국세청에서는 수많은 보고서와 기록물이 생산됩니다. 문서화된 생각들은 조직 내에서 시간을 두고 퍼져나갑니다. 말과 생각은 우리가 어떤 것을 하고 싶어하고 어떤 사람이 되는 데 큰 영향을 줍니다. 그렇기에 미래 지향적인 생각과 발전을 향해 긍정적 태도를 가지려는 노력도 절대적으로 중요한 것입니다.

강제집행에 대한 태도와 서비스의 변화

강제집행 관리만이 아니라 납세자가 올바른 행동을 하도록 도와주는 것을 우리가 왜 중요하게 생각하는지를 이해하려면 강제집행에 대한 태도와 서비스가 지난 수년 동안 어떻게 변화되어왔는지를 먼저 이해할 필요가 있습니다.

1983년의 한 내부 보고서는 강제집행의 핵심 목표는 조세제도가 어떻게 운영되는지와 연관해 검토되어야 한다고 주장했습니다. 치명적 결함이 있다면 입법을 통해 바로잡아야 한다는 것이었습니다. 심각한 결함은 법을 제정함으로써 해결될 수 있습니다. 조세제도에 대한 국민의 신뢰가 핵심이며 납세자가 불공정하다고 생각한다면 강제집행은 해결책이 될 수 없다는 것이 보고서의 결론이었습니다.

한편 강제집행은 불성실한 납세자를 처벌함으로써 납세성실도를 높일 수 있습니다. 하지만 그런 관점도 서서히 변했는데, 1988년 발표된 내부 보고서에서는 강제집행의 목적은 조세회피 차단을 위한 것이라는 주장이 제기되었습니다. 조세제도에 대한 충성도의 중요성은 다소 약화되었습니다. 그 대신 납세자에게 사기 행위는 바로 발각되고 처벌되기 때문에 생각조차 해볼 가치가 없음을 주지시켜야 한다는 의견이 제기되었습니다. 한마디로 납세자에게 겁을 주어 알아서 복종하도록 만들자는 것입니다. 이전과 비교하면 일보 후퇴한 듯 보이지만, 1983년 보고서의 견해도 실상 국세청의 공식 입장이라 할 수는 없었습니다.

납세자의 실수가 많을수록 세금수입도 늘어난다?

1980년대와 1990년대에 강제집행은 국세청의 핵심 미션으로 보였고 성공 여부는 그 액수로 측정되었습니다. 세무조사를 몇 차례 하는가도 중요했지만 실제 추징 액수가 더 중요했습니다. 납세자의 큰 실수를 찾아낸 세무조사 담당관은 그야말로 영웅 대접을 받았습니다. 부서 간에 실적 경쟁이 불붙을 정도였습니다. 가장 많은 돈을 추징한 세무조사 공무원이 소속된 부서의 부서장은 포상으로 부서 직원들에게 바비큐 파티를 열어주기도 했습니다.

또한 강제집행으로 인해 일부 납세자들이 세금을 덜 내게 되는 일도 자주 있었습니다. 물론 그렇게 하는 게 맞았습니다. 하지만 서류를 재검토해 납세자에게 세금을 환급해주는 일은 세금을 추가로 징수하는 일만큼이나 그리 유쾌한 일은 아닙니다. 국세청의 순수 수입 관점에서 측정해보면, 그럼에도 불구하고 전체 세수는 감소하지 않고 오히려 증가했습니다. 그 점을 제외하면 강제집행에 따른 세금 환급은 국세청의 실패로 여겨졌습니다. 한 세무조사 담당관은 아무리 다시 검토해봐도 200만 크로나■에 이르는 세금이 감소한다고 우리에게 말해주었습니다. 아무리 계산을 해봐도 결과가 같다고 했습니다. 그해 그의 업무 실적 총액은 좋지 않았습니다. 그의 이름이 마그너스였는데, 이후 그는 '마이너스 마그너스Minus Magnus'

■ 스웨덴 화폐단위로 1크로나는 한화로 약 123원이다. — 옮긴이

로 불렸습니다.

다양한 견해를 논의하는 과정에서 세무조사를 함으로써 얻는 수익이라는 관점에 의문이 제기되었습니다. 도대체 국세청이 사람들의 실수를 찾아내 얻는 이득이 무엇인지 많은 사람이 궁금해했습니다. 납세자의 실수가 많아질수록 더 바람직한 재검토 결과물이 나온다고 했습니다. 납세자의 실수가 많아졌다는 것이 국세청 입장에서는 성공의 한 가지 척도일까요? 많은 직원이 아마도 이론적으로는 그렇게 생각했을 것입니다. 이러한 조직문화이다 보니 변화를 이끌어내기까지 상당한 시간이 걸렸습니다.

다른 나라 국세청에서도 유사한 논쟁이 있었습니다. 미국 국세청[IRS]에서는 '맹목적 가정 이론'에 관한 논의가 있었습니다. 이 이론에 따르면, 실수를 계속 바로잡아주면 향후 실수를 줄이고 조세범죄 감소로 이어진다는 가설은 사실상 근거가 없습니다. 그럼에도 근거가 없다는 사실이 걸림돌이 되지는 않았습니다. "강제집행은 많이 할수록 좋다"라는 생각은 그 자체로 충분한 '사실'이었습니다.

정부의 예산 지원에 부응하기 위한 강제집행 프로젝트

마침내 변화가 일어났습니다. 세금수입을 대폭 증대하겠다는 정부 발표가 태도 변화를 이끌었습니다. 1990년대 초 재정위기 해결의 일환으로 국세청은 정부로부터 추가로 예산을 받았는데, 지원 예산의 15배를 나중에 변제하는 조건이었습니다. 국세청은 대대적인 재조사 작업을 해야 했습니다. 우리 두 사람은 당시 세무조사 담당관으로 있었기에 실제 상황이 어떻게 진행되었는지 알고 있습니다.

당시 추가로 예산 지원을 받으려면 일단 받아 쓰고 금액을 늘려서 갚는 방법밖에 없었습니다. 스웨덴 국세청은 몇 개의 강제집행 프로젝트를 시행했고 정부 지원 예산이 거기에 투입되었습니다. 프로젝트 범위 내에서 대대적 재조사를 단행하는 강제집행이 시행되었습니다. 대부분의 강제집행은 이런 유형이었고 그 밖에는 정상적 업무 영역에서 관리를 하는 정도였습니다.

우리는 그 무렵 입사한 동료로부터 강제집행이 어떤 식으로 이루어지는지 전해 들었는데 의문의 여지가 있었습니다. 아래는 그가 들려준 이야기입니다.

신입 직원으로 나는 택시 업계에 대한 2개년 세무조사 프로젝트를 배정받았다. 이 프로젝트로 우리 각자 급여의 15배에 해당하는 세금신고를 받아내야 했다. 근사한 도표가 국세청 건물 복도에 걸렸고 우리는 초록색 펜으로 거기에 '재조사 시행을 통해 4,000만 크로나 목표 달성'이라고 채워 넣었다. 몇 개월에 걸쳐 택시회사 세무조사를 마쳤으나 그래도 걱정이 되었다. 많지 않은 내 월급을 기준으로 해도 나는 고작 내 월급의 7.8배 정도만 거둬들였기 때문이다. 그러나 얼마 뒤 큰 택시회사에서 이 금액의 293배가 되는 세금을 추징받았다는 사실을 알게 되었다. 잭팟 Jack Pot이었다. 첫해에 우리는 크게 성공했다. 동시에 의구심도 갖게 되었다. 그 회사는 파산했고 일부 세금은 거둬들이지 못했다. 추가 조사를 해보니 세금을 낸다고 말만 했을 뿐 사실상 낸 세금이 없었다. 아니, 낼 수가 없었다. 그러기 전에 이미 부도 처리가 됐기 때문이다. 세금을 완납한 여러 중소 택시회사에 대한 세무조사도 실시했다. 강제집행을 한다는 소문이 해당 도시의 다른 중소 택시회사로 확산되었다. 안타깝게도 이러한 현장 세무조사는 조사 대상이 소규모이다 보니 수익이 남지 않았다. 결국 우리는 이런 자잘한 세무조사에서 구멍 난 재정을 채우기 위해 좀 더 효과가 있을 만한 굵직한 '서류 재평가 세무조사'를 단행했다.

우리는 소규모 회사에 현장 세무조사에 관한 정보를 제공하는 문제를 두고 다소 규모가 큰 택시회사와 논의를 하기도 했다. 국세청 복도에 걸린 도표의 그래프가 길어지도록 만드는 대신, 우리는 모든 자원을 잘 활용해 4,000만 크로나 목표액을 거의 달성해냈다. 힘든 순간 나름 최선을 다했다는 생각이 들었다.

국세청에 돈이 많으면 직원도 늘고 강제집행도 늘어나며 세무조사 수입도 늘어납니다. 하지만 실질적으로 세금수입이 얼마나 추가로 들어오는지는 측정하기 어렵습니다. 무엇보다 그 실적이라는 것이 국세청의 결정 내용을 통해 문서에만 남아 있습니다. 최종적으로 납부된 실제 세금은 파악되지 않는 것입니다. 어떤 납세자들은 국세청의 결정에 이의를 제기하지만 법정에서 최종 판결이 나기까지는 또 몇 년이 걸립니다. 어떤 납세자들은 말 그대로 세금을 '낼 수도' 없었습니다.

그 무렵인 1998년, '국가세무감사사무소'에서 강제집행 정책과 정부 거버넌스에 대한 재평가 작업을 했습니다. 그들은 대대적 재조사 작업이 좋은 결과로 자연스럽게 이어졌는지 물었습니다. 그 대답은 "아니요"였습니다. 수치상 세금이 늘어났다는 것만으로 반드시 좋다고 볼 수만은 없기 때문입니

"가장 많은 돈을 추징한 세무조사 공무원이 속한 부서의 부서장은 포상으로 부서원들에게 발코니 바비큐 파티를 열어주기도 했습니다."

다. 그들은 정부가 국세청을 조정해 실적 압박을 했다며 비판했습니다.

그들의 결론은 국세청에서 근무하던 많은 공무원이 지적한 것과 맥락이 같았습니다. 당시 세무조사를 담당하면서도 그 조사 업무 자체를 반대한 사람도 있었던 것입니다. 결과적으로 세무조사 산출물에 대한 모든 형태의 내부 목표가 사라졌습니다. 추징 세금은 계속 측정되었지만 바람직한 결과물임을 입증하는 근거로 여겨지지는 않았습니다.

강제집행의 목적은 무엇인가

몇 년간 바람직한 결과란 과연 무엇일까 하는 문제를 두고 논의가 진행되었습니다. 그러던 중 모든 것이 가능한 한 올바를 때 결과도 바람직하다는 것을 어렴풋이 깨달아갔습니다. 하지만 이것은 잘못을 찾아내지 못한 세무조사도 성공적인 것으로 결론을 내리게 된다는 맹점이 있습니다.

조금 불편한 이야기이지만, 사실 강제집행은 국세청 내에서 여전히 실제적 핵심 활동으로 인식되고 있으며, 의도적 범죄행위는 지금도 있고 앞으로도 있을 것이니 반드시 찾아내고 해결해야 하는 문제였습니다. 이런 생각은 강제집행에 대한 좀 더 균형 있고 상세한 개념 논의로 이어졌습니다. 물론 범죄는 존재합니다. 하지만 이제 사람들은 잘못된 일 모두가 고의성이 있는 것은 아니라는 점을 이해하기 시작했습니다. 우리는 이해 부족과 복잡한 형식 때문에 일부 납세자가 잘못을 저지르게 되는 문제를 바로잡고자 총력을 기울여야 한다는 것을 깨달았습니다. 납세자들이 제대로 알았더라면 대개의 경우 그들은 올바르게 했을 것입니다.

 같은 시기에 서비스와 강제집행을 둘러싸고 논쟁이 계속되었습니다. 중요한 기점은 1987년 제정된 '행정절차법'이었습니다. 이 법에서는 정부기관이 서비스 제공의 의무가 있다고 명시했습니다. "모든 기관은 해당 기관 업무 영역과 관련된 문제에서 정보, 가이드, 조언과 기타 지원을 개인에게 제공해야 한다. 이러한 지원은 문제의 성격, 도움을 필요로 하는 개인과 기관의 업무에 맞게 적절한 정도로 제공되어야 한다." 행정절차법은 공무원의 태도에 영향을 주었습니다. 물론 모두가 이 법을 쉽게 받아들이지는 못했습니다. 국세청 소속 한 변호사는 행정절차 조항이 "필수적 의무사항이 아니라 보편적 목표와 야망" 수준에 머물러 있다고 말했습니다.

1990년 스웨덴 국세청은 새로운 강제집행 윤리를 확정 지었습니다. 서비스와 강제집행 사이에서 균형을 유지하고 또한 양쪽이 적정 비율로 시행되어야 한다는 것이었습니다. 실제 업무에서 많은 직원이 강제집행 업무 대신 서비스에 치중해선 안 된다고 했습니다.

강제집행 윤리는 1999년 강제집행 정책이라는 새로운 전략으로 교체되었습니다. 사고방식도 다소 성숙해졌습니다. 서비스와 강제집행은 병행해야 한다는 생각이 공감대를 형성했습니다. 강제집행을 통해 많은 사람이 자발적으로 자기 몫을 책임지도록 도와줄 수 있으며, 납세자는 납세자대로 국세청에 당당히 서비스를 요구할 수 있습니다. 바꿔 말해 서비스를 제공하면 납세자의 실수가 감소하게 되고 고의성 없는 실수를 바로잡는 일 또한 줄어들게 됩니다. 서비스 정책도 기존의 강제집행 정책처럼 별도로 작성되었습니다. 처음 있는 일이었습니다. 서비스와 강제집행이 국세청 업무 영역에서 공존하고 병행해야 함을 강조하려는 목적이었습니다.

국세청 모든 직원이 이 추세에 동조한 것은 아니었습니다. 우리 두 사람은 스웨덴 전역의 세무서를 돌며 서비스와 강제집행 정책에 관해 교육했습니다. 어떤 직원이 우리에게 물었습니다. "국세청 공무원들이 서비스를 제공해야 한다고 어디에 나와 있어요?" 그때까지 우리는 국세청이 강제집행을 해야 할지 말아야 할지에 관해선 정작 의문을 제기하는 사람을 만나본 적이 없었습니다. 여기서 흥미로운 것은 서비스를 제공하는 일은 명백한 법적 의무사항이지만, 강제집행은 그 정도로 명확하게 규정된 의무사항은 아니라는 점입니다. 다만 법대로 충분히 조사해야 한다는 요청사항이 있을 뿐입니다. 그럼에도 국세청의 강제집행은 모두에게 너무나도 당연한 것으로 받아들여지고 있습니다.

상황에 맞게
모자 바꿔 쓰기

대부분의 납세자는 자신의 몫을 공정하게 분담하면서 다른 납세자도 정당한 의무를 치르도록 국세청이 잘 관리해주기를 바랍니다. 조세범죄를 예방하고 처벌하는 국세청의 역량에 대한 확신이야말로 납세자가 공정한 역할 분담을 하는 데 매우 중요한 요인입니다. 이외에도 국세청은 하는 일이 많습니다. 무엇보다 납세자들이 강제집행 활동에 대해 강하게 인지하고 있고, 국세청이 가진 중요한 정체성으로 인식하고 있다는 사실은 흥미롭습니다.

이런 점에서 한 기관이 서비스 제공과 강제집행 정책을 동시에 쓸 수 있는가 하는 문제가 제기됩니다. 대다수 사람이 이 두 가지는 완전히 상반된 것이라고 말합니다. 하나는 친절하고 예의 바른 반면, 다른 하나는 거칠고 가혹하기 때문입니다. 적어도 동일한 한 사람에게서 이 두 가지 모습을 보는 것은 불가능한 일 같습니다. 그렇기 때문에 조직 내에서는 이 두 업무 영역을 명확히 분리합니다.

전 세계의 많은 국세청이 같은 문제로 고민해왔습니다. 오스트레일리아의 한 동료는 자신들도 2년여에 걸쳐 이 문제를 논의해왔는데, 한 사람이 두 가지 역할을 하는 것이 가능하도록 해야 한다는 결론에 도달했다고 말해주었습니다. 우리도 스웨덴에서 똑같은 결론을 내렸습니다. 공공기관의 업무 수행에 대한 이 두 가지 관점은 올바른 방식으로 법을 적용하는 것과 연관이 있습니다. 예컨대 아무도 우리가 경찰관에게 길을 물어보고 도움을 요청하는 것을 이상하다고 생각하지 않습니다. 하지만 바로 그 경찰관이 길을 물어본 우리가 심각한 범죄를 저지르면 단 1초도 망설이지 않고 강력히 대응하는 것과 같은 이치입니다. 교사가 학생을 가르치고 도와줄 수 있지만 시험을 통해 학생의 실력을 평가하는 것도 같은 맥락으로 볼 수 있습니다.

"나는 특정한 상황 속에서 '서비스'라는 모자를 써야 할

"우리는 이해 부족과 복잡한 형식 때문에
일부 납세자가 잘못을 저지르게 되는 문제를 바로잡고자
총력을 기울여야 함을 깨달았습니다. 납세자들이 만약
제대로 이해했더라면 대개는 올바르게 했을 것입니다.
그러므로 그들의 잘못이 그들 탓은 아닙니다."

까 아니면 '강제집행' 모자를 써야 할까?" 우리는 이런 상황을 '모자에 관한 질문'이라고 합니다. 앞서 제기된 질문에 대한 우리의 대답은 언제나 같습니다. 우리에게는 '국세청'이라는 한 종류의 모자가 있습니다. 즉 강제적 조치를 내리는 동시에 그에 대해 올바로 설명해주고 도움도 주어야 하는 것입니다. 또한 납세자를 도와주더라도 만약 납세자가 속임수나 위조 등 심각한 범죄를 저지른 사실을 알았다면 그냥 넘어가서는 안 됩니다. 하지만 이런 모호한 상황은 조직 내부적으로 해결할 수 있는 사안이고, 어떤 납세자도 상반되는 두 가지 업무를 동시에 수행하는 국세청을 문제 삼지 않습니다.

눈앞에 나타난 변화

1990년대 말부터 2000년대 초, 좋은 결과가 무엇인가 하는 관점이 우리의 강제집행 업무 방식에도 영향을 주었습니다. 이 무렵 강제집행의 최우선 목표는 조세범죄를 찾아내는 것이었지만, 실제로는 좀 더 광범위한 형태로 업무가 이루어졌습니다. 스웨덴 국세청은 강제집행으로 찾아낸 모든 범죄행각에 대해 언론에 발표했습니다.

  아직도 기억나는 것이 바로 택시 업계와 관련된 내용입니다. 강제집행을 실시한다는 소식이 언론에 발표되자 일부 택시기사들이 우리에게 연락을 해왔습니다. 그들은 한결같이 똑같은 이야기를 했습니다. 국세청이 택시 업계를 조사하는 것은 찬성하지만 어떻게 그들 모두가 세금을 탈루했다고 가정하는지 이해가 안 된다고 말했습니다. 그러면서 자신들이 올바르게 세금신고를 했음에도 불구하고 국세청은 이미 자신들을 의심하고 있다고 호소했습니다.

  택시기사들의 말은 상당 부분 맞았습니다. 국세청에서는 해당 업계 전체를 문제 삼았는데, 우리는 그것이 옳지 않은 일임을 깨달았습니다. 요즘은 완전히 달라졌습니다. 이제 우리는 대다수 사람이 정직하다고 전제합니다. 다만 혹 그렇지 않은 사람이 있을지 모르기 때문에 강제집행 조치를 시행합니다. 강제집행의 목적은 바로 공정한 경쟁을 지원하는 것입니다.

  스웨덴 국세청은 세무조사 결과가 나오기도 전에 관련 정보를 언론에 흘렸습니다. 만약 그 목적이 강제집행을 통해 가능한 한 많은 돈을 걷는 것이었다면 세무조사 활동에 대해 미리 누설해서는 안 되는 것입니다. 하지만 그 목적이 처음부터 문제를 바로잡는 것이었다면 잊지 말아야 할 것이 있었습니다.

이와 관련해 같은 기간에 일어난 다른 일화를 보겠습니다. 그때 국세청은 언론을 통해 별장 임대소득에 대해 대대적 조사를 펼칠 것이라고 발표했는데, 세금신고 마감시한 직전이었습니다. 조사 대상 별장들은 발트 해의 고틀란드Gotland 섬에 있었고 우리는 신문에서 "국세청이 '강력한 조사'를 실시할 예정이다", "별장을 세 놓은 사람들을 기습할 것"이라는 기사를 읽었습니다. 납세자들이 지역 세무서를 급히 찾아와 별장 임대와 관련해 어떤 규칙들이 있는지 알고 싶어했습니다. 너무나 많은 사람이 제대로 신고하려고 그 섬의 유일한 세무서인 비스비Visby 세무서를 찾아오는 통에 신고서 용지가 동이 날 정도였습니다(당시에는 전자신고가 없었습니다).

남의 잘못을 찾아내는 일이 재미있다?

모든 상황이 좋고 괜찮기만 했던 것은 아닙니다. 일부 직원은 대대적 재조사를 벌여 납세자의 치명적 실수를 발견해내는 일이야말로 자신의 직업만족도를 높여준다고 이야기했습니다. 특히 상당한 금액을 더 내야 한다는 내용의 결정문 작성은 흥미롭고 의미 있는 일이라 말하는 사람이 있었습니다. 잘못을 찾아내면 재미있지만 그렇지 못할 경우에는 그다지 재미가 없다는 것이었습니다. '제로 세무조사'는 세무조사를 해봤는데도 결과가 달라지지 않은 것을 가리키는 개념입니다. 세무조사 담당관은 이런 상황을 되도록 피하고 싶어하기 때문에, 무슨 수를 써서라도 납세자의 실수를 찾아내려 했습니다. 때로 이런 모습이 언론에 실리기도 했습니다.

우리는 공짜 사탕에 관한 특별한 이야기를 기억합니다. 국세청은 사탕회사에 대해 세무조사를 실시했고 직원들이 작업 중에 나온 불량품을 집에 가져가도록 허락받았다는 사실을 발견했습니다. 실제로 그렇게 한 사람은 얼마 없었지만, 국세청은 회사 내 모든 직원에게 한 달에 50크로나어치의 사탕에 대한 세금을 부과했습니다. 사탕회사는 법원에 항소했지만 법원은 국세청과 기본적으로 입장이 같았습니다. 다만 법원은 한 달에 12.5크로나어치에 대해서만 부과하는 것이 적절하다고 판결했습니다. 사탕회사는 이 판결에 불복했고 '사탕 업무'라는 제도를 도입해 이 문제를 해결하고자 했습니다. 즉 회사에서 사탕의 맛을 테스트하려고 먹는 것이 업무의 일부가 되었고 따라서 회사는 그것이 물품으로 보상되는 혜택이 아니라고 주장했습니다.

스웨덴 국세청의 커뮤니케이션 디렉터였던 스텐 에릭슨은 이 상황에 매우 분노했습니다. 그는 우리가 행동하기 전에 납세자가 이것을 어떻게 생각할지를 고려해야 한다고 말했습니다. 국세청이 올바르지 못한 일을 한다고 생각하면 납세자들은 세금을 자발적으로 납부하지 않을 것이기 때문입니다. 당시 그의 말에 동의한 사람은 우리 두 사람뿐이었습니다.

스웨덴 국세청의 캠페인 기획안

이러한 사건들을 겪고 나서 스웨덴 국세청은 강제집행이 아닌 다른 방법을 시도해보기로 했습니다. 가장 확실한 예가 2002~2004년 세금을 내지 않는 '지하'경제에 대한 경각심을 주기 위해 청년들을 대상으로 대규모 캠페인을 벌인 일입니다.

국세청의 자체 조사 결과를 보면 청년들은 세금을 내지 않는 일자리에 대해 지속적으로 우호적 태도를 나타내고 있었습니다. 물론 이 결과를 인구 전체로 확대해 해석할 수는 없습니다.

하지만 이런 태도가 몇 년간 지속된다면 장기적 관점에서 볼 때 자발적으로 세금을 내려는 의지마저 위기에 처할 수 있다는 점이 우려되었습니다. 국세청 직원들도 여름 휴가철에 청년들이 하는 단기 아르바이트까지 파헤쳐 조사해야 한다고는 생각하지 않았습니다. 그럼에도 불구하고 무슨 조치가 있기는 있어야 한다고 느꼈습니다. 이렇게 해서 청년을 대상으로 한 국세청의 캠페인 기획안이 작성되었습니다.

지하경제에서 일하는 16세 청소년에게 이렇게 일하면 나중에 연금을 받지 못할 것이라고 설명하는 것은 그다지 설득력이 없습니다. 그렇게 말한다고 청소년이 세금 내는 일에 관심을 갖지는 않습니다. 국세청은 이런 메시지를 제대로 전달하려면 전문가의 도움이 필요하다고 여기고 홍보회사 몇 군데에 문의했습니다. 그들 대부분이 거절을 해왔는데 너무 어려운 일이라는 이유였습니다. 그러던 중 이런 '불가능해 보이는 미션'에 전문화된 홍보회사 한 곳에서 작업 의뢰를 수락해 캠페인 전략을 함께 논의할 수 있었습니다. 캠페인 목표는 윤리적 판단을 제쳐두고 청년들이 자신의 생각을 친구들과 자유로이 이야기하게 만드는 것이었습니다.

캠페인은 몇 가지 영역에서 진행되었는데 학교에 정보 홍보물을 배포하고 '당신이 낸 세금'이라 쓰인 스티커를 각 시에 배포했으며, 시에서는 세금으로 운영되는 시설물, 의자, 쓰레기통, 축구장 등에 이 스티커를 부착했습니다.

캠페인 중 가장 이목을 끌었던 것은 TV와 극장 광고로 제작된 두 편의 단편영화였습니다. 첫 번째 영화는 오물을 뒤집어쓴 한 청년이 진흙으로 뒤덮인 지저분한 도로를 지나가는데 거기 있는 낡은 축구장에서 청년들 한 무리가 축구를 하려는 모습을 보여줍니다. 그리고 마지막에 "이렇게 지저분해지거나 이렇게 낡은 축구장이 싫다면 당신이 세금을 내야 합니다"라는 메시지로 마무리됩니다. 두 번째 영화는 이유가 무엇인지 몰라도 도서관에 입장도 못하고 공원 의자에 앉지도 못하고 쓰레기통에 휴지도 버리지 못하는 사람들의 모습을 그리고 있습니다. 이 영화는 다음 문구로 끝이 납니다. "합법적으로 일한 사람만이 세금으로 지불된 것들을 이용할 수 있다는 사실을 기억하세요."

처음에 이 영화를 본 사람들은 무슨 샴푸나 세제 광고인가 했습니다. 마지막 메시지와 함께 '국세청' 로고가 화면에 올라갈 때 모두들 깜짝 놀랐습니다. 나중에 캠페인에 대한 평가에서 캠페인의 대상이었던 청년들의 90% 이상이 캠페인 내용을 경험해봤다고 답변했고, 50%가 또래 친구나 부모님과 세금 문제를 논의해봤다고 답변했습니다.

어떤 방법으로든
변화를 이끌어내는 것이 중요하다

스웨덴 국세청이 납세자를 대상으로 자체 조사를 실시할 때 보통 18세 미만은 포함하지 않습니다. 하지만 다음의 조사 결과는 상황을 좀 더 명확하게 보여줍니다.

■ "나는 사람들이 할 수만 있다면 탈세를 해도 된다고 생각한다."

("동의한다"라고 답변한 비율)

연도	18~24세	전 연령대
1998	7%	7%
2001	12%	7%
2002	7%	7%
2004	5%	5%

여기서 흥미로운 것은 청년들의 태도뿐 아니라 일반 대중의 시각도 달라졌다는 사실입니다. 물론 이것이 캠페인의 성과인지, 만약 그렇다면 어느 정도 연관성이 있는지는 설명할 수 없습니다. 어찌 됐든 변화는 시작되었습니다.

캠페인에 대한 반응 자체가 전적으로 긍정적이지만은 않았습니다. 일부 정당들은 이런 캠페인이 세금을 올리기 위해 밑

밥을 까는 것이라고 비판했습니다. 뒤이어 정부기관이 여론을 좌지우지하는 것이 과연 옳은가 하는 논의도 가열되었습니다. 그래서 국세청은 그 이후 다시는 그와 유사한 어떤 시도도 할 수 없었습니다. 또한 캠페인을 통해 사회규범과 태도에 영향을 주는 일에 조심스러워졌습니다.

캠페인을 다른 주체가 수행하는 것은 가능합니다. 하지만 우리 두 사람은 캠페인이 매우 훌륭했고 효과도 있었다고 생각합니다. 정치적 메시지에서 벗어나 사회 속에 논의와 반성의 분위기를 불어넣었다고 생각합니다. 당시 캠페인은 비슷한 일을 시도했던 외국 국세청으로부터 국경을 뛰어넘는 관심을 받았습니다. 일본의 유력 일간지 중 한 곳은 이 캠페인에 관한 기사를 싣기도 했습니다.

우리는 국세청이 다른 일을 시도하려 용기를 냈다는 것만으로도 고무적이라고 봤습니다. 자발적으로 사회 속에서 자기 몫을 감당하려는 마음가짐이 중요하다는 것, 이 목표를 달성하는 데는 여러 방법과 수단을 쓸 수 있다는 생각을 확인해주었습니다. 다만 새롭고 과감한 시도가 비판을 받아 확산되지 못했다는 점이 아쉬웠습니다.

03 / 새로운 비전

"모든 구성원이 자발적으로 공정하게 자기 몫의 책임을 감당하는 사회." 1998년 스웨덴 국세청의 비전입니다. 오늘날에도 마찬가지입니다. 이 비전은 국세청 발전에 커다란 의미가 있으며 이 비전이 없었다면 현재의 국세청은 지금과는 완전히 다른 모습이었을 것입니다.

비전과 목표는 그 자체로는 그저 종이에 쓰인 공허한 단어들에 불과해 실질적으로는 대단한 효과가 없습니다. 아이디어를 충분히 논의하고 의미를 이해할 수 있는 시간만 허락된다면 결정을 내리고 서류로 만드는 실질적 업무가 오히려 중요합니다. 조직 내에서 사용하는 단어와 표현방식은 구성원의 사고방식에 영향을 주고, 이것은 그들이 판단하고 행동하는 데도 영향을 미칩니다. 국세청의 비전에 명시된 것 가운데는

'자발적'이라는 단어가 큰 변화를 만들어냈습니다.

작지만 큰 차이를 만들어내는 단어의 힘

비전이 작성되기 전 이를 두고 운영진에서는 긴 논의를 가졌습니다. 논의의 핵심은 '자발적으로'라는 문구였습니다. 대다수는 이 문구를 단순히 '하려고 하는 것'과 '하지 않으려는 것'의 문제로 바라보지 않고, "모든 사람이 공정하게 자기 책임을 분담하는 사회" 또는 "제각기 공정하게 책임을 분담해야 한다"라는 의미로 받아들였습니다. 국세청의 비전 문구에서 '자발적으로'의 의미로 최종 결정을 내린 사람은 당시의 국세청장 아니트라 스틴이었습니다.

우리가 이 단어를 선택한 것은 국세청의 두 가지 업무 영역인 '세무행정'과 '강제집행'의 본질에 더 적합하다고 생각했기 때문입니다. 강제집행 영역은 자발적으로 내고 싶어도 낼 수 없는, 채무상환 능력이 없는 사람을 대하는 일입니다. 그래서 더더욱 '자발성'이 중요했습니다.

그런데 이 '비전'은 국세청 직원들로부터 환영받지 못했습니다. 전체 직원회의에서 비전이 처음으로 소개되었을 때, 대다수가 마음에 들어하지 않았으며 말도 안 된다고 생각했습니다. "그렇게 되면 납세자들은 잘못을 해놓고도 원래는 자발적으로 내려 했었다고 말할 수 있어요. 그래도 되는 건가요?"

우리 두 사람도 처음에는 저런 비전 문구가 과연 괜찮을지 확신이 서지 않았습니다. 시간이 지나면서 비전에 대해 곰곰이 생각해보고, 여러 사람과 토의하면서 그것이 절대적으로 옳다는 확신을 갖게 되었습니다.

대다수 직원이 이전에 사용하던 표어를 선호했습니다. "올바른 방법으로 내는 올바른 세금." 많은 사람이 중요하다고 생각하는 것, 즉 모든 것을 올바르게 만드는 것, 바로 그 점이 강조되었습니다. 그들이 원하는 내용 자체는 그리 유쾌한 내용이 아니었습니다. 지금까지도 현재의 비전보다 이전의 표어가 더 좋았다고 말하는 직원들이 적지 않습니다.

'공정하게 나누려는' 납세자의 마음이 중요하다

이전 표어에는 사실 틀린 내용이 없었습니다. 다만 그 자체

"조직 내에서 쓰는 언어와 표현방식은
구성원의 사고방식에 영향을 줍니다.
그리고 이것은 그들의 판단과
행동에 영향을 줄 수밖에 없습니다."

로는 뭔가 도전의 지향점이나 새로운 시각을 보여주지 못했습니다. 물론 모든 것이 올바르게 되어야 하는 건 맞습니다. 거기에 반대할 사람은 없습니다.

반면 현재의 비전은 분명한 입장을 취하고 있습니다. 납세자가 자발적으로 공정하게 책임을 나누어 지도록 하는 것과 무조건 그렇게 하도록 강제하는 것은 완전히 다른 얘기입니다. 공정하게 책임을 나누려는 것 이면의 동기가 중요합니다. 새로운 비전에 담긴 '자발적'이라는 문구는 국세청이 납세자가 순순히 따르도록 협박하고 겁을 줄 것이 아니라 개인 스스로 자발적으로 법을 준수하도록 해야 한다고 말하고 있습니다. 국세청의 새 비전은 납세자의 도덕성을 겨냥했다기보다 국세청이 어떻게 생각하고 행동해야 할지를 말해주는 것이었습니다.

비전 문구를 바꾼다는 결정이 내려졌을 때, 그 일이 얼마나 중요한지 깨닫는 사람은 소수에 불과했습니다. 단기적으로 보면 그러한 비전은 사실 그 어떤 변화도 만들어내지 못했다고도 볼 수 있습니다. 그러나 장기적으로 보면 이 비전은 우리 조직의 문화와 사고방식을 바꾸는 데 결정적으로 기여했습니다.

요즘에는 이 비전이 제대로 된 평가를 받고 있습니다. 2011년 이에 대한 중간 검토 작업이 있었습니다. 그리고 비전에 등장하는 '자발적으로'라는 문구가 스웨덴 국세청의 향후 사고방식과 태도에 중요하다고 판단해 그대로 두기로 결정했습니다.

가끔은 납세자들이 국세청에 연락해 비전에 대한 피드백을 주기도 합니다. 대부분 긍정적이지만 비판적인 것도 있습니다. 비전에 담긴 내용은 이미 일어나고 있는 일이라며 반대를 나타낸 의견도 있었습니다. 사실 모든 사람이 원칙적으로 공정하게 자기 몫을 분담하려는 의지가 있긴 합니다. 어쩌면 그중 일부만 그렇게 하는 것일 수도 있고, 비전의 의미를 다르게 받아들일 수도 있습니다. 2013년 11월 29일 자 《메트로》 신문에 실린 칼럼은 국세청의 비전이 마치 "우리는 여기서 매우 열심히 일하는데 당신들이 그것을 갉아먹고 있다"라고 말하는 것 같다고 지적했습니다.

물론 문제점을 지적할 수도 있고 현재의 비전이 폐기될 수도 있습니다. 그러나 국세청의 비전은 조직의 발전에 중요한 역할을 해왔습니다. 바로 그 '자발적으로'라는 문구가 국세청의 시각을 결정적으로 바꾸어놓은 것입니다.

초기에는 국세청 조직 내에도 비전을 좀 더 설명해주거나 적용하려는 의식적 노력이 없었습니다. 비전을 계속 홍보하고 알리기는 했지만 가시적 성과를 거두기까지는 몇 년이 걸렸습니다.

당시 비전은 끊임없는 질문 대상이었고 처음 채택되었을

때는 비웃음을 샀기 때문에 국세청이 서서히 비전에 적응하도록 시간을 가진 것은 오히려 좋은 일이었습니다. 만약 이 비전이 이미 '결정된 사항'으로 전달되지 않고 사람들이 한자리에 모여 그 진정한 의미를 논의할 수 있었더라면 더 좋았을 것입니다. 우리는 가치와 행동을 정립하는 비전 및 해당 문구가 너무 자주 바뀌어서는 안 된다는 결론에 이르렀습니다. 가치를 바꾸려면 조직 내에서 동의를 얻어낼 수 있는 시간이 충분히 주어져야 합니다.

자발성을 강조한 새로운 전략

논의는 계속되었습니다. 비전의 핵심이 '자발적으로 공정한 책임을 나누려는 의지'라는 데 무게가 실리면서 납세자들은 무엇을 바라고 국세청은 어떻게 행동해야 하는가에 대한 물음으로 자연스럽게 넘어갔습니다. 2006년 국세청은 비전에 입각해 새로운 전략적 방향을 결정했습니다. 이것은 완전히 새로운 사고방식이었고 이전과 비교해 강조하는 부분이 달랐습니다.

그 무엇보다도 국세청은 신뢰를 높이고 고객을 보다 잘 응대하는 일에 목적을 두기로 결정했습니다. '시작부터 올바른', '지키기 쉬운' 그리고 '지키지 않는 것이 어려운' 같은 문구가 함께 소개되었습니다. 동시에 스웨덴 국세청은 세 가지 미션 가치를 결정했습니다. '공격적인', '믿을 만한' 그리고 '도움되는'이 그것이었습니다.

강제집행의 목적, 서비스와 강제집행의 대결 관계에 대해 더는 의구심이 생길 만한 문구가 없었습니다. 새로운 전략은 각자 자발적으로 공정한 자기 몫을 분담하려는 의지를 고취하는 것이었습니다. 강제집행, 서비스와 기타 조치는 모두 절대적으로 필요했습니다. 이 전략들의 뿌리는 우리가 가진 수단이 아니라 조직의 목적 바로 그것이었습니다.

새로운 전략적 방향은 2년에 걸쳐 다듬어졌습니다. 이 기간에는 비전 외에도 연구로 얻은 지식 및 조사 결과가 워킹 그룹과 운영 부서에서 논의되었습니다. 우리는 그런 논의의 시간이 매우 가치 있었다고 믿습니다. 실질적 운영 부서는 누군가가 제출한 제안서에 근거해 결정할 뿐 아니라 그 내용을 자기 것으로 소화하며 완전히 이해해야 하기 때문입니다.

외부의 관점에서 본
미션, 핵심가치

2006년 스웨덴 국세청에서 가장 중점을 둔 미션, 핵심가치는 '도움되는'이었습니다. 역시 이를 두고도 회의적 반응이 있었습니다. 납세자들이 메시지를 오해해 국세청이 고급 절세정보나 탈세법을 친절히 알려준다고 생각할 수 있다는 것입니다. 하지만 그런 일은 일어나지 않았습니다. 단지 국세청 내부에서 반신반의했습니다. 납세자들에게 '도움이 된다는 것'은 실수와 속임수가 넘쳐나도록 물꼬를 터주는 일이 될지 모른다는 것이었습니다.

고객의 실제 현실과 다른 이미지를 받은 데 따른 이런 현상은 국세청 내부와 여타의 정부기관에서도 자주 접했습니다. 우리는 설문조사와 고객의 말을 경청하는 태도의 중요성을 강조합니다. 국세청 내부에 있는 우리들이 납세자들의 생각을 예상했다가 완전히 틀렸던 적이 수차례 있습니다. 내부에서 바라보는 것과 외부에서 바라보는 것은 전혀 다릅니다.

미션, 핵심가치를 '도움되는'이라고 최종 결정했던 것은 여러 조사 결과에 바탕을 두고 있었는데, 조사에 따르면 납세자들은 그것을 원했습니다. 개인과 법인 납세자에게 국세청으로부터 가장 기대하는 것이 무엇인지 물었을 때 '도움되는'이라는 단어가 가장 중요하게 등장했습니다. 납세자들은 다른 무엇보다 자신들이 올바른 일을 하도록 국세청이 도움을 주기를 원했습니다.

이는 우리가 집중해야 할 미션, 핵심가치를 찾아내는 좋은 방법이었습니다. 그 출발점은 우리 고객이 원하고 요구하는 것을 조직운영 비전, 명확한 방향의 필요성과 결합하는 일이었습니다. 많은 조직이 직원들에게 가장 중요하다고 생각하는 단어가 무엇인지 물어보고 이를 통해 '아래로부터 위로' 제안된 미션가치를 선택합니다. 우리도 이 과정에서 이루어지는 직원들의 참여가 대단히 가치 있는 일임을 목격한 바 있습니다. 그렇지만 우리는 조직의 미션, 핵심가치는 '위에서 아래로' 내려와야 한다고 생각합니다. 왜냐하면 이 모든 것은 경영체계와 관련되고 가치는 바람직한 미래 방향을 제시해주어야 하기 때문입니다. 이를 운영하는 일에 내부직원과 고객이 관여하게 하고 경영과 관련된 사실을 숨기지 않는 것도 중요합니다.

새로운 전략적 방향은 즉각적으로는 효과를 거두지 못했습니다. 그러나 국세청 내에서 어떤 일이 일어나고 있는지 이해하면서 전폭적 지지를 받기 시작해 직원들도 그 방향을 따르고 싶어했습니다.

2006년 이후 제시된 이 전략은 하루아침에 만들어진 것이 아닙니다. 그것은 이미 1970년대 혹은 그 이전부터 시작된 기나긴 변화에 대한 하나의 반응으로 나타난 것이었습니다. 전략적 방향이 결정되었다는 것은 새로운 세기로의 전환을 앞두고 탄력을 받기 시작한 '태도에 관한 논의'를 부분적으로 확정 지었다는 이야기이기도 했습니다. 그런 한편 많은 사람에게 새로운 접근 방식이었기 때문에 받아들이기가 쉽지는 않았습니다.

2006년의 전략 형성에 기여한 두 가지 주요한 연구가 있었습니다. 하나는 "시작부터 올바른"이라는 제목의 연구로 여기에 대해서는 이 장에서 자세히 설명하겠습니다. 다른 하나는 국세청의 태도에 관한 대규모 조사였는데 그것은 다음 장에서 설명하겠습니다.

변하지 않는 가치를 다시 논의하다

미션, 핵심가치를 확정하고 5년 후인 2011년이 되자 상황이 완전히 달라졌습니다. 모든 직원이 미션, 핵심가치를 당연한 것으로 여기며 공감했고 '도움되는'이라는 단어가 반드시 있어야 한다고 생각했습니다. 절대로 실현되지 못할 것이라는 우려와 달리 그 단어는 국세청 내부의 조직문화가 매우 긍정적인 방향으로 탈바꿈하는 데 기여했습니다.

2011년에 논의된 단어(하지만 2006년에는 논란도 아니었던)는 바로 '공격적인'이라는 표현이었습니다. 직원들은 국세청이 공격적인 것을 원하지 않기 때문이 아니라, 이 단어의 의미가 종종 왜곡되기 때문에 재고가 필요하다고 보았습니다. 애초 '공격적인'이라는 단어를 사용한 것은 진취적이고 혁신적이며 유능하다는 점을 강조하려는 의도였습니다. 하지만 단어 자체만으로는 저돌적인 느낌으로, 납세자를 공격한다는 느낌으로 해석될 수 있었습니다. 그 단어가 운영진이 직원들에게 바라는 행동방식을 표현한 것이라기보다는 의도치 않게 과거 국세청의 태도를 정당화하는 것으로 잘못 해석될 여지가 있다는 점이 우려되었습니다.

그래서 대체 가능한 단어로 거론되었던 것이 '혁신적인'이었습니다. 그러나 이 단어는 의미상으로 다소 한계가 있었습니다. 결국 최종 결정을 내린 사람은 당시 국세청장 잉마르 한손이었습니다. 그는 전략적 접근이라는 관점에서 우리가 만들어내는 변화가 고작 단어 하나를 바꾸는 차원의 문제라면(의미상의 변화 없이) 큰 혁신을 보여주지 못할 것임을 지적했습니다.

2006년과 2011년 사이에 사고방식 체계가 변화한 것은 그야말로 놀랄 만한 일입니다. 이렇게 새로운 전략이 채택되어 적용되었습니다. 이는 스웨덴 국세청을 변화시키는 데 큰 역할을 했고 2011년의 결정은 '전략 유지'였습니다. 다만 문구를 편집하는 정도의 변동이 있었습니다.

관련 연구를 기초로 한 새로운 전략

레나르트 위트베이(Lennart Wittberg)[■]가 작성한 내부 보고서 〈시작부터 올바른〉이 2005년에 발표되었습니다. 보고서의 목적은 납세자의 행동과 탈세 이유에 관한 기존의 연구 결과를 기초로 향후의 지향점 및 방안을 점검하려는 것이었습니다. 그 시작점으로 사람들이 자기 몫의 책임을 다하는 데 동기부여가 되는 긍정적 방법들을 찾아보기로 했습니다.

이 분야에서 학문적 연구가 이뤄진 것은 대체로 1972년 마

■ 이 책의 공동저자 중 한 사람 — 옮긴이

"새로운 미션에는 '혁신적인'이라는 단어가 포함되었습니다. 하지만 '전략적 접근'이라는 관점에서 우리가 만들어내는 변화가 의미상의 변화 없이 고작 단어 하나를 바꾸는 차원의 문제라면 큰 혁신을 보여주지 못할 것입니다."

이클 알링햄Michael Allingham과 아그나 산드모Agnar Sandmo가 발각 가능성과 처벌의 강도를 가지고 납세자의 행동이 산술적으로 어떻게 계산되는지에 관한 논문을 발표한 때로 여겨집니다. 그들은 자신들의 연구에서 사람들은 이성적으로 행동하며 금전적으로 따져봐서 이익이 된다고 판단되면 탈세를 한다는 가설을 세웠습니다. 하지만 이 가설은 결국 다각도에서 비판받았는데 탈세 수준이 두 사람의 연구 모델에서 예견했던 것보다 상당히 낮았기 때문입니다. 이를 계기로 많은 연구자가 윤리와 사회적 기준 등 탈세 동기에 영향을 미치는 기타 요인에 관심을 갖기 시작했습니다. 그리하여 관련 연구가 서서히 증가해, 1990년대부터 2000년대까지 본격화했습니다.

새롭고 광범한 지식을 접하면서 스웨덴 국세청은 더욱 변화했습니다. 연구와 사실에 근거해 생각하는 방법이 변화의 과정을 좀 더 쉽게 받아들일 수 있게 해주었습니다.

강제집행은 규범을
강화하고자 할 때 유효한 방식

레나르트 위트베이의 보고서 〈시작부터 올바른〉은 기존 연구들을 분석하면서 강제집행의 조세범죄 차단 효과는 매우 미미하다고 설명했습니다. 그보다는 규범 강화에 미친 영향이 훨씬 컸다는 것입니다. 즉 강제집행은 사람들로 하여금 자기 책임을 공정하게 분담하도록 만드는 동기부여 차원에서 매우 중요합니다. 또한 나 아닌 다른 사람들도 올바르게 하고 있음을 확인시키고, 나도 그렇게 하고 싶다는 생각이 들게 만듭니다. 그리고 사회가 탈세에 대해 어떤 입장을 취하는지 명확히 보여주는 행위이기 때문에 그 자체로 도덕적 기준이 됩니다. 그 목적을 분명히 형상화된 이미지로 제시해주는 것이기도 합니다. 이렇듯 강제집행이 가장 효과적일 때는 납세자를 복종하게 만드는 위협 수단이 아니라 규범을 강화하는 목적으로 쓰일 때입니다.

이 보고서를 계기로 '시작부터 올바른'이라는 표현이 통용되었고 스웨덴 국세청 전략의 일부분이 되었습니다. 그리고 국세청은 예방조치에 더 집중했습니다. 뒤늦게 실수를 바로잡는 것보다 애초 올바르게 이끄는 것이 낫습니다. 그 보고서가 말하고자 하는 또 하나의 중요한 메시지는 국세청에 대한 신뢰의 중요성이었습니다. 자발적으로 자기 책임을 공정하게 분담하려는 의지는 국세청에 대한 납세자의 두터운 신뢰가 있어야만 생겨나는 것이며 또 강해지는 것입니다.

그런데 이 같은 메시지를 두고 다소 의견이 분분해 국세청 내부 논쟁이 가열되었습니다. 어떤 직원은 국세청이 "너무나 부드러운" 모습을 하고서 조세범죄자들에게 "저희를 제발 속이지 말아주세요"라고 정중히 요청하는 느낌이라고 말했습니다. 또 어떤 사람은 법적으로 심각한 결과를 초래할지라도 이런 태도야말로 국세청이 어떻게 행동해야 하는지, 권력을 행사할 때 납세자를 어떻게 대해야 하는지 이야기해준다는 것을 깨달았다고 했습니다.

모든 업무 단계에서 운영관리자가 이런 생각을 쉽고 공정하게 받아들이는 것이 국세청의 미래 발전에서 중요합니다. 스웨덴 국세청에서는 많은 아이디어가 핵심 운영진 안에서 지속적으로 논의되고 있었기에 불가능한 일도 아니었습니다.

수치로 확인해보는 전략의 효과

어떤 전략이 제대로 작용하는지 정확히 평가하기는 물론 어렵습니다. 정확한 평가를 위해 우리는 다른 전략의 결과와 비교해보려 했으나 불가능했습니다. 그다음에 생각한 차선책은 결과가 바람직한 방향으로 나타나고 있는지 확인해보는 것이었습니다.

2006~2013년 자발적으로 자기 몫을 공정하게 분담하려는 납세자가 늘어나고, 국세청에 대한 신뢰도 증가와 함께 개인 및 법인 납세자가 이전과 비교해 제대로 응대받고 있다고 느끼고, 미미하지만 무시할 수 없을 정도의 '택스 갭'도 감소했음을 보여주는 명확한 지표들이 있었습니다. 택스 갭이란 공공영역에서 의도치 않은 실수와 고의적 속임수로 인해 손실된 세금수입을 뜻하는 용어입니다. 택스 갭을 측정하기는 어렵지만, 스웨덴 국세청은 2007~2012년에 그 수치가 감소했다고 예상했습니다.■

이 같은 긍정적 결과가 비단 스웨덴 국세청 내부의 사고방식 변화와 2006년 이후의 새로운 전략에 따른 것이라고 단정지을 수는 없습니다. 이 기간 동안 공인 현금등록기와 특정 업종의 직원 명부 등 세법 개정과 맞물려 변화에 영향을 줄 만큼 중요한 다른 여러 요인이 있었던 것입니다. 하지만 그런 변화가 국세청 내부의 전략 변화와 맞물려 발생한 것은 확실합니다. 또한 국세청 내부 전략이 그런 입법 과정에서 변화를 좌우

■ 스웨덴 국세청 보고서(2014. 1. 8) 참고, "Skattefelets utveckling I Sverige 2007~2012".

- 2001~2006년 응답 : "전반적으로 나는 국세청을 신뢰하고 있다."
  2012년 응답 : "나는 국세청의 업무 방식을 신뢰하고 있다."

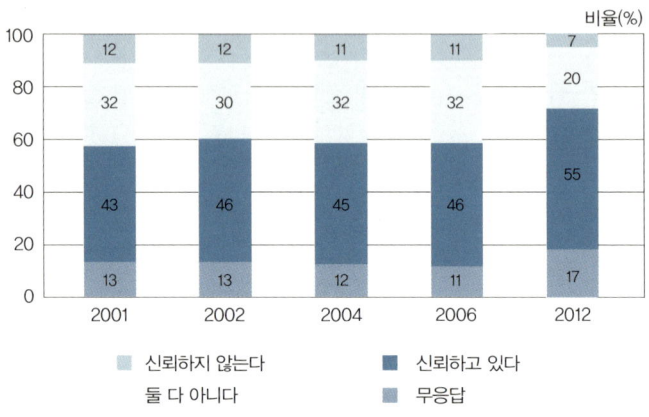

- "나는 국세청 직원으로부터 응대를 잘 받는다."

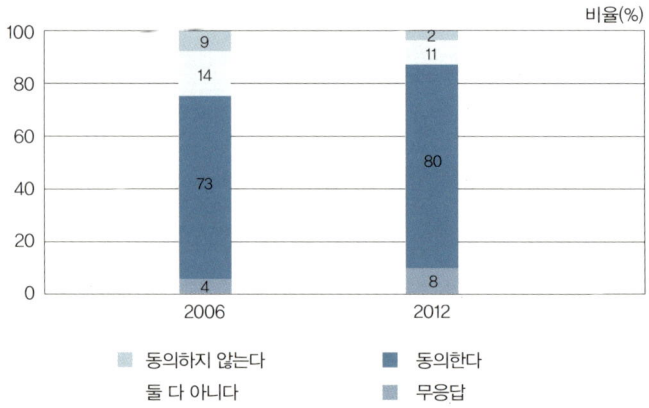

할 만큼 기여했을 가능성도 큽니다.

일반 대중을 상대로 한 2012년 조사에서 국세청, 조세범죄와 기타 이슈에 관한 의견을 물었습니다.* 이 조사는 시간이 지남에 따른 추이를 보고자 이전의 연구 결과들과 비교될 수 있었습니다. 신뢰도의 변화 추이는 이러했습니다.

55% 정도의 응답률에 대한 통계상 신뢰도는 낮아 보이지만 가장 흥미로운 것은 변화 추이입니다. 국세청을 신뢰하지 않는다고 했던 응답자 비율이 상당히 감소했습니다. 이는 신뢰도가 2001년과 2006년 사이에 상당히 안정되었고 그 후로는 증가했다는 사실을 보여줍니다. 2012년 국세청이 실시한 다른 조사에서는 국세청과 접촉한 응답자의 83%가 국세청에 대한 상당히 높은 수준의 신뢰도를 보여주었습니다(이용자를 대상으로 한 조사).** 2012년 조사에 따르면 국세청을 이용해본 경험이 있는 고객들은 응대를 잘 받았다고 답변했습니다.

2006년 당시에도 고객응대는 나쁘지 않았습니다. 그럼에도 제대로 응대받지 못했다고 느낀다는 응답자가 9%에서 2012년에는 2%로 대폭 감소했습니다. 이들 응답자의 절반에게 동일

■　5,000명의 조사 대상자 중 55%가 응답.
■■　1만 명의 조사 대상자 중 45%가 응답.

■ "나는 기회가 있다면, 세금신고 시 소득을 숨길 것이다."

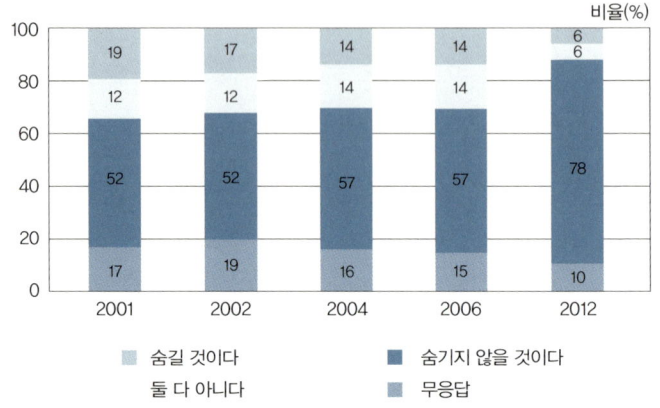

한 질문을 하고 나머지 절반에게도 같은 질문을 하되 '예' 또는 '아니요'로만 답변하게 했습니다. 2012년 조사에서 응답자의 97%는 응대를 잘 받았다고 말했습니다.

2012년 대중의 인식 조사를 보면, 탈세에 대한 입장 변화가 일어났음을 감지할 수 있는데 이는 자발적으로 자기 책임을 분담하려는 의지로 해석될 수 있는 유사한 경향을 보여줍니다.

이러한 발전은 2006년 이후에 일어난 가장 큰 변화이자 매우 긍정적인 모습입니다. 무엇보다 세금신고에서 소득을 숨기지 않을 것이라고 말한 응답자가 급격히 증가한 점이 특히 인상적이었습니다.

04 / 우리 스스로 변화를 만들어내기

근래 스웨덴 국세청은 온전히 스스로 개혁을 이루어냈습니다. 모든 변화와 개혁 작업은 원칙적으로 정부가 아니라 국세청 내부에서 시작되었습니다. 각기 다른 정치적 입장을 가진 여러 정부를 거쳐오면서도, 정부기관의 예산 운영 및 집행 방식을 규정하는 국세청의 세출예산안만 비교적 간단하게 작성하는 것만 봐도 정부가 국세청을 얼마나 확고하게 신임하는지 엿볼 수 있습니다.▪

스웨덴 국세청은 정부권력이 소속 기관을 운영하면서 필요한 개혁을 강압적으로 단행하기 전에 스스로 변화와 개혁을 추진하는 것이 낫다는 것을 알고 있습니다. 이러한 통찰력이 변화에 매우 긍정적 동력이 되어주었습니다. 우리가 이곳에서 근무하는 동안 국세청은 크든 작든 계속되는 변화의 과정을 거쳤습니다.

지금은 대다수 직원들이 변화와 발전을 자연스럽게 인식하고 있습니다. 예전에는 변화의 길목마다 '이제 정말 끝났겠지'라는 생각이 있었습니다. '이번만 잘 지나가면 모든 게 순조로워지고 한숨 돌리겠지' 하는 생각을 가진 상황에서는 변화의 과정 자체가 말 그대로 고통입니다. 사실 이것은 크고 작은 변화에 대해 압박감을 느끼면서도 결국에는 올바른 균형을 찾아가는 일이라고 볼 수 있습니다. 갑자기 밀어닥친 극적 변화가 아니라 실질적으로 진행되는 조용하고 조직적인 개선의 과정입니다.

■ 스웨덴의 각 정부기관은 정부부처로부터 세세한 간섭을 받지 않는 높은 수준의 자율성을 가지고 있다. 다만 기관의 목적, 미션, 예산 수준을 담고 있는 '연간 기관별 세출예산안'에 한해서는 정부부처의 개입이 있다. 각 정부부처가 소속 기관에 대해 무엇을 하라고 직접적으로 지시할 수 없기 때문에 세출예산안이 중요하다. 일부 기관은 여러 운영 방안을 담은 매우 상세한 예산안을 제출하기도 하는데 이는 정부부처의 상당한 간섭이 있다는 의미다. 반면 스웨덴 국세청은 최종 목표와 방향성(예컨대 텍스 갭을 줄이는 것)만 담긴 간단한 예산안을 제출한다. 저자들은 이 자체가 스웨덴 국세청에 대한 정부부처의 신뢰도를 보여주는 것이라고 말하고 있다. — 옮긴이

두려움도 때로는
변화의 동력이 된다

스웨덴 국세청에는 실수를 두려워하는 조직문화가 퍼져 있었습니다. 두말할 나위 없이 이것은 질서와 조직을 강조하고 변화를 거부하는 관료적 성향 탓이기도 합니다. 하지만 강제집행 기관이라는 정체성 때문에 그 성향은 더 강해질 수밖에 없습니다. 조직의 사명이 다른 사람의 잘못을 찾아내 바로잡는 일이고 어떤 경우에는 이에 대해 책임을 묻고 처벌하는 것이기 때문입니다. 직원들 각자가 혹시라도 잘못할까 봐 두려워하는 것은 전혀 이상한 일이 아닙니다.

최근 몇 년 사이 이런 태도가 많이 개선되었지만 여전히 조직 내에는 말할 수 없는 두려움과 업무 실적 압박이 존재합니다. 예를 들어, 예측할 수 없는 질문에 대한 두려움이 있거나 예측이 가능한 질문에 대해서도 제대로 답변을 못할까 봐서 두려워합니다. 그래서 때로는 납세자 한 사람을 만나기 위해 지나치다 싶을 정도로 준비를 하기도 합니다.

하지만 두려움이 꼭 부정적이기만 한 것은 아닙니다. 세금 분야에서 세법이 개정되고 바뀌는 것은 일상적인 일입니다. 업무 방식 수정과 IT 시스템 개선도 매우 단기간에 일어나곤

합니다. 종종 이런 변화들은 성과가 있고, 급속하게 시행됩니다. 성공적 결과가 나올 수 있었던 것은 실수에 대한 두려움 때문, 즉 두려움이 나름의 자극제 역할을 했기 때문입니다. 더불어 조직에 매우 헌신적인 직원들이, 필요한 경우 과중한 업무까지 기꺼이 해냈기 때문입니다.

또한 실수에 대한 두려움은 국세청이 전자서비스를 도입하고 상담서비스를 제공하도록 하는 등 전반적 변화를 지속적으로 창출해냈습니다. 우리도 이런 발전에 발맞추어 직원으로서 해야 할 일들을 했습니다. 다른 일을 하는 것이 오히려 잘못이었습니다.

물론 두려움은 부정적 효과도 가져올 수 있습니다. 실수에 대한 부담감과 변해야 한다는 의무감을 갖기 싫어 차라리 수동적 자세로 남아 있게 되는 것입니다. 요즘 스웨덴 국세청은 홈페이지에 다양하고 불확실한 세법상 이슈에 대해 공식 입장을 발표하고 있습니다. 예전에는 세법 해석에 대한 국세청의 법적 입장이 명확하지 않아 법원의 판결이 나오기 전에 의견을 내서는 안 된다는 의견이 지배적이었습니다. 하지만 국세청은 세금신고에 대한 결정을 내리고 문의에 답변해야 하는 위치이기 때문에 어떤 상황에서라도 나름의 입장을 가져야만 합니다. 그리고 그 입장을 공개하는 것이 이치에 맞습니다. 물론 나중에 가서 그 판단이 틀렸음을 발견할 수도 있다는 위험부담은 따릅니다.

새로운 트렌드로
조심스럽게 접근하다

어쨌거나 여전히 두려움이 있다는 것은 대개는 변화가 전혀 일어나지 않았거나 일어났더라도 미흡하다는 뜻입니다. 다른 조직과 유사하게 스웨덴 국세청은 조직 운영에 대한 다양한 트렌드에 영향을 받아왔습니다. 경영 컨설턴트가 사기업에 해주던 운영자문이 나중에는 공공기관에도 이루어졌습니다.

1990년대 초, 스웨덴 국세청에서는 프로젝트 관리가 각광을 받았습니다. 모든 업무가 프로젝트 형식으로 운영되었습니다. 우리 두 사람은 조직 내에서 무슨 일이 진행되고 있는지 파악조차 어려웠습니다. 국세청 내의 여러 부서에서 예전과는 다른 명칭을 사용하기 시작했습니다. 이전에 사용하던 '세금조사 유닛'은 '세금 프로젝트'로 변경되었습니다. 그리고 세금조사 유닛 담당 팀장은 '프로젝트 리더'가 되었습니다. 사실 그때는 이전 용어와 무엇이 다른지 잘 파악도 되지 않았으나 프로젝트 관리라는 것이 다른 몇 곳에서는 이미 진행되고 있었습니다. 이런 식으로 프로젝트 관리가 전통적 팀별 관리보다 더 정착되어갔습니다.

1990년대 말 비슷한 현상이 있었는데 절차관리와 절차조직 개념이 각광받으면서 유사한 변화의 바람이 일었습니다. 국세청 공무원이 단순히 과세·주민등록 업무만 하는 것이 아니라 각 업무의 절차를 논의하기 시작한 것입니다. 우리는 팀의 명칭을 바꾼 것은 이해하기 어려웠지만 절차를 강조하는 것은 중요하다고 여겼습니다. 실제로 일상에서 일어나는 일들이란 수많은 절차를 계획하는 일이기 마련입니다. 그렇지만 우리가 새로 계획하는 일의 목적이 무엇인지 묻고 의문점을 제기하면 오히려 변화에 반발하는 사람으로 여겨졌습니다. 그래도 어쨌든 과정이나 절차 중심의 사고를 통해 고객의 요구에 좀 더 중점을 두게 되었습니다.

스웨덴 국세청 조직 전체가 절차 중심으로 변모한 것은 아니었습니다. 절차를 계획해 일하는 것은 새로운 IT 시스템 개발 업무에는 효과가 있지만 대부분의 경우 그렇지 않았습니다. 새로운 분위기는 계속 조성되었고 우리는 새로운 개념을 수용하고 새롭게 생각하고 일하는 방식에 발맞추기 위해 의식적 변화를 만들어내고자 했습니다. 국세청은 변화의 흐름을 제대로 파악하려 했고 조직구조를 개선했습니다. 하지만 이와 동시에 혹여 일을 그르칠 수 있다는 두려움과 조심스러움이 남아 있어 개혁적인 생각들이 조직 전체로 깊숙이 파고들기가 어려웠습니다. 그보다는 안전하게 지엽적인 부분만을 다루곤

했습니다.

지금도 어떤 변화는 계속 진행 중이지만 예전처럼 위험부담이 크지는 않습니다. 실수를 할까 봐 두려워하는 데서 비롯된 조심스러운 태도는 긍정적일 수도, 부정적일 수도 있습니다. 모든 새로운 흐름을 무조건적으로 받아들이지 않는 것은 장점도 있습니다. 어떤 경우에는 조금 기다려보고 일이 어떻게 되어가는지 지켜보는 것도 필요하기 때문입니다. 반대로 매사에 조심스럽고 의심을 품는 태도는 속도가 요청되는 상황에서는 그 일을 마비시킬 수 있습니다. 스웨덴 국세청은 때로는 더 빠른 변화를 선호했지만 전체적으로는 균형을 유지하며 성공적 개혁을 수행해왔습니다. 이 점은 특히 전자서비스와 소통 측면에서 두드러집니다. 급속도로 변하는 사회에 발맞추기 위해서라도 이는 매우 중요합니다.

또 다른
다양한 변화 요인

이 책은 스웨덴 국세청 내에서 일어난 조직문화의 변화 과정과 그 이면의 수많은 작업에 관한 이야기입니다. 하지만 국세청 개혁에 기여한 변화 요인은 여러 가지이고, 그러한 변화 요인을 아는 것은 스웨덴 국세청의 역사를 이해하는 데 필요합니다. 기술 발전, 국세청 내부의 조직화, 소득세 신고 방법 개선 등이 또 다른 변화 요인들입니다.

전산화와 조직 개편

1970년대 후반과 1980년대 초반, 전산화가 급속히 이루어지면서 국세청은 더 전문적인 모습을 갖추어갔습니다. 업무량이 증가했지만 '프리랜서' 감독관을 고용할 필요 없이 내부 공무원들이 모든 업무를 처리할 수 있게 되었습니다. 1987년, 주의 관할 세무서들이 세워지고 지방행정이사회 권한에 속했던 세무 업무가 주 세무서로 이관되었습니다. 지방 세무서도 주 세무서 관할 아래로 들어갔습니다. 1991년, 이전에는 교회의 권한이던 인구등록 업무가 국세청으로 이관되었습니다.

1990년대 초, 재조직화 과정이 진행되면서 지방과 주 세무서는 하나의 세무서(주 단위마다 한 곳)로 통합되었습니다. 국가 세금이사회는 모든 세무서를 책임지는 주요 기관이었습니다.

당시 개혁에서 더 중요한 것은 일 자체가 완전히 재조직화되었다는 점입니다. 예전에는 세금이 항목별로 '세금평가 유닛'이나 '부가가치세 유닛' 등 각각 다른 유닛으로 처리되었습니다. 특히 법인세는 다른 여러 유닛과 업무가 맞물려 있었는데, 이 각각의 유닛을 조정해줄 부서가 없었습니다. 이쯤에서 새롭게 도입된 아이디어가 바로 한 명의 납세자와 관계된 모든 세무 업무는 세무서 한 곳에서 다 처리하도록 하는 것이었습니다. 처음에는 한 명의 세무 공무원이 기업 하나를 담당해 모든 세무 업무를 처리할 수 있도록 하자는 생각이었는데 이는 곧바로 폐기되었습니다. 왜냐하면 대다수 공무원이 각각 특정 세금(부가가치세나 소득세) 영역에 특화되어 있었기 때문입니다.

이 개혁 방식은 지금도 논의되고 있지만 긍정적 평가를 받지는 못합니다. 공무원 한 명이 모든 것을 다 해낼 수는 없다는 비판이 지배적이기 때문입니다. 공무원 한 명이 모든 세무 영역에서 전문적 수준을 갖춘다는 것은 현실적으로 불가능한 일입니다. 실제로 시행되지는 않았지만 그때의 잔상은 아직도 국세청 내부 조직의 역사에 남아 있습니다. 한편 당시 개혁으로 많은 혜택도 입었습니다. 국세청 내의 유닛별로 구분되어 있던 것을 고객 관점에서 이해하기 시작하면서 '고객'이라는 공동의 책임을 가진 조직으로 서서히 탈바꿈했던 것입니다. 업무도 더 효율적으로 수행할 수 있었습니다.

1990년대 초 전산시스템의 지속적 활성화로 국세청 내 모든 직원이 PC를 갖게 되었습니다. 그러자 일하는 방식과 업무에 대한 직원들 개인의 관점이 크게 바뀌었습니다. 이전에 우리가 국세청 근무를 시작했을 때는 타자기와 계산기를 가지고 일했습니다. 업무 지원용 컴퓨터는 국세청 복도에만 설치되어 있어 정보 검색이나 특별 업무에만 이용할 수 있었습니다.

"세금신고가 너무 쉬워요. 그냥 박스 체크만 하면 되니까요"

1987년 간편한 세금신고 제도가 도입되었습니다. 아직도 많은 납세자가 그때를 기억합니다. 이제 신고서의 항목별 박스를 체크하고 서명만 하면 되었습니다. 여기서 체크를 한다는 의미는 납세자가 받은 신고서에 나온 모든 소득 내역이 맞고 세금 부과의 근거로 사용될 수 있다는 사실에 동의한다는 것입니다.

간소화된 세금신고서는 총계나 소득 정보는 담고 있지 않습니다. 체크를 하고 싶지 않으면 직접 자세한 내용을 기입해 종합소득세 신고서를 제출하면 되었습니다.

이런 신고 방법은 혁신의 한 사례였고 대단히 간소화된 방법이었는데 지금은 거의 사용하지 않습니다. 확실히 쉬운 방법이기는 했지만, 사람들은 자기에게도 알리지 않은 개인정보를 토대로 국세청이 계산해준 세금을 받아들인다는 게 다소 이상하다고 여겼습니다.

"사전예방 조치의 효과를 측정하고 평가하기는 어렵습니다. 매달 지속적으로 측정할 수도 없습니다. 그래서 운영구조와 후속관리 자체에 대한 불확실성이 생겨납니다."

그 뒤로 미리 작성된 세금신고서가 도입된 것은 1995년이었습니다. 그 신고서에는 국세청이 접근 가능한 모든 개인정보를 담고 있었으며 납세자는 신고서를 받아 내용을 확인하고 동의할 경우 서명했습니다. 1995년 세금신고서에는 박스 체크가 없어졌지만, 우리는 아직도 사람들이 이런 이야기를 하는 걸 듣곤 합니다. "세금신고가 너무 쉬워요. 그냥 박스 체크만 하면 되니까요."

이러한 간소화는 국세청의 이미지 변신에 매우 중요했습니다. 많은 사람이 간단한 것을 좋아했습니다. 국세청의 변화에 큰 동력이었습니다. 납세자의 상황을 간단히 정리해주었을 뿐 아니라 국세청 업무도 더 효율적으로 만들었습니다. 이러한 변화가 실질적 내용으로 이어지려면 법적 수정도 필요했습니다. 세금신고 절차가 상당 부분 재정비되었고 이를 통해 납세자의 편의가 보다 개선되었습니다.

국세청 내부에서는 지나친 정보공개는 오히려 탈세를 조장할 수 있다는 비판과 우려가 있었습니다. 어떤 사람들은 그 정보를 극비로 하는 것이 좋다고 생각했습니다. 그들은 보통의 납세자라면 국세청이 더 많은 정보를 가지고 있다는 생각에서 예상보다 큰 액수라도 국세청에서 결정한 대로 세금을 낼 것이고 결국 세금 수익은 증대할 것이라고 기대하며 그런 주장을 폈습니다. 하지만 실상은 그와 달랐습니다. 국세청이 가진 정보로 미리 작성된 세금신고서 덕분에 납세자의 실수가 줄어든 것입니다.

그 후 2002년 처음으로 도입된 것이 바로 납세자가 인터넷에서 세금신고서에 동의하는 제도였습니다. 온라인 서비스의 발전이 그 시기를 기점으로 가속화되었습니다.

하나의 기관으로 통일된 국세청

스웨덴 국세청은 지역 세무서와 '국가세금위원회'를 통합하며 2004년 하나의 통일된 국가기관으로 거듭났습니다. 일반 대중들은 이미 세무서와 국세청을 하나의 기관으로 인식하고 있었기에 별다른 차이를 느끼지 못했습니다. 그러나 통합으로 인해 운영 및 조직 체계에서 완전히 새로운 기회가 생겨났고, 국세청은 그때를 기점으로 더 응집력 있는 발전을 시작했습니다. 우리는 이것이 2004년 이후 이어진 발전의 측면에서도 중요한 역할을 했다고 믿습니다.

2000년대 초 변화의 속도는 이례적으로 높았는데 부분적으로는 하나의 통일된 기관으로 개혁한 결과라고 할 수 있었습니다. 이와 동시에 조직, 업무 방법, 접근 방식도 모두 달라졌습니다. 우리는 그야말로 개척자가 된 듯했습니다.

2008~2009년 지방 세무서에 대한 새로운 조직 개편이 이루어졌습니다. 약 60개 세무서가 폐쇄되었습니다. 지역 사정을 잘 아는 세금평가이사회가 상당한 업무를 수행했던 이전의 세무서는 세금징수 구역에 따라 세워져 있었습니다. 세무서의 서비스센터는 지방 세무서가 없어진 뒤에도 계속 유지되었습니다. 그러다가 의료보험청^{Försäkringskassan}과 통합되고 뒤이어 스웨덴 연금청^{Pensionsmyndigheten}과 공동으로 서비스센터를 운영했습니다.

운영구조 개선

운영구조 관리란 부분적으로는 '어떻게 운영되는가'에 관한 것이지만 다른 한편으로는 '어떻게 운영하는가'의 문제이기도 합니다. 국세청의 운영구조는 오랜 시간을 거치며 개선되어왔지만 아직도 충분하지는 않습니다.

그간의 발전 과정을 거치면서 스웨덴 국세청은 세무조사의 횟수와 세수에만 중점을 두던 기존 방식에서 탈피해 시작부터 올바르게 이끄는 그 과정에 좀 더 주력하는 방향으로 이동해왔습니다. 이전 방식은 수치로 측정하기는 쉽습니다. 하지만 사전예방 조치의 효과, 실수나 탈세의 횟수, 재평가 결과를 (얼마나 변화되었는지) 측정하고 평가하기란 어렵습니다. 매달 지속적으로 측정할 수도 없습니다. 이로 인해 운영구조와 후속 관리의 불확실성이 생겨납니다. 그렇다면 우리가 제대로 하고 있다는 것을 어떻게 알 수 있을까요?

좋은 결과를 만들어내기 위해 일하고 이미 성취한 것이 무엇인지 제대로 파악해야 합니다. 물론 이렇게 하기가 어렵기 때문에 보통은 올바른 것을 추구하기보다는 좀 더 손쉬운 방법을 선택하게 됩니다.

국세청 조직 내에서도 이런 문제들에 대한 의견이 분분했기에 운영진은 다른 여러 방식으로 운영구조를 개선하고자 했습니다. 그중 새로운 시도 하나는 세무조사를 횟수가 아니라 세무조사에 투입된 시간으로 평가하고 관리한 것입니다. 이것이 진정한 개선이었는가 하는 데는 의문의 여지가 있습니다. 하지만 그동안 어렵다고 생각되던 것을 발판 삼아 운영구조와 후속관리 방법을 새롭게 발견하려는 시도였다는 점에서 의미가 있습니다.

새로운 공적 운영관리법 도입

운영구조와 후속관리 작업은 국세청 내에서 여전히 논의되는 내용입니다. 상당수 사람들이 현재의 조건이 최적이 아니라는 점에 공감하기 때문입니다. 우리는 1년 동안 "운영은 줄

"우리는 조직문화가 바뀌려면
부분적으로는 명확한 가치관리가
이루어져야 한다고 확신합니다."

이고 후속관리 작업은 늘리기"■라는 말을 주문처럼 계속 들었습니다. 주어진 범위 내에서 국세청 내 여러 부서와 소속 직원에게 충분한 자율성을 보장해 어려운 업무일지라도 최선의 선택을 할 수 있도록 하자는 취지였습니다. 후속관리를 통해 그러한 취지를 제대로 보장하고 만일 부족함을 느낀다면 지속적으로 재교육을 할 수 있게 하려는 것이었습니다.

그러나 이러한 관리 작업이 때로는 통제로 변질되어 신뢰가 싹트기 어려울 수 있습니다. '무엇이 중요한가?'보다 '무엇을 평가해야 하는가?'에 치중하면 바람직하지 않은 통제 효과가 나타납니다. 이 두 가지가 새로운 업무 방식으로 적용되지 못한 것은 적절한 방법을 찾기가 어렵기 때문입니다. 또한 정부가 정부기관에 '성과'라고 불리는 보고서를 요구하기 때문입니다. 이 보고서에서 어떤 결과를 원하는지는 명확하지 않지만, 자발적으로 자기가 책임져야 할 몫을 공평하게 분담했다는 식으로 표현되는 두리뭉실한 효과가 아니라 양적으로 쉽게 측정할 수 있기를 기대할 것입니다.

이 현상의 이면에는 공공영역에 확산되던 운영구조 이론,

■ 조직 내부 업무와 직원을 통제·관리하는 일보다 고객 편의의 업무 중심으로 후속 조치 등을 취하는 일에 주력한다는 의미다. — 옮긴이

'새로운 공적 운영'이 자리잡고 있습니다. 1980년대에 마거릿 대처^{Margaret Thatcher} 총리와 로널드 레이건^{Ronald Reagan} 대통령이 이 이론을 강력히 주장했습니다. 기본 관점은 공공영역 관리, 곧 거버넌스에도 시장경쟁 논리를 도입하자는 것이었습니다. 부분적으로는 효율성 개선의 취지였지만 모든 부문에서 긍정적이기만 한 주장은 아니었습니다. 가장 미심쩍은 부분이 후속관리와 평가 측면을 지나치게 강조한다는 점이었습니다. 어떤 경우에는 좋을 수도 있지만 지나치게 많은 자원을 거기에 쓰면(논쟁 과정에서 '평가괴물'이라는 용어가 등장하기도 했습니다) 정도를 넘어선 결과를 초래할 수 있습니다.

 우리도 '새로운 공적 운영'에서 말하는 소비자와 공급자 개념에 아주 달가워하는 입장은 아니었습니다. 한동안 스웨덴 국세청 내부에서도 소비자-공급자 개념(IT팀과 서비스팀에서 주로 통용)을 적용해보려 했습니다. 직원들은 "마치 우리가 소꿉놀이를 하는 것 같다"라고 말하기도 했습니다. 실제로 시장과 같은 상황은 만들어지지 못했고 국세청 조직에서 그 개념이 제대로 활용되지도 못했습니다. 결국 몇 년 후 그 개념은 폐기되고 말았습니다. 더 심각한 문제는 소비자와 공급자 간에 '우리 그리고 그들'이라는 정서적 구별을 만들어 서로 협력하기가 더 어렵게 만들어버렸다는 점입니다. 잉마르 한손 국세청장은 그 개념을 폐기하자는 결단을 내렸고 하나된 기관으로서 국세청의 정체성을 강조했습니다.

납세자는 실질적 공동 운영자다

개인과 법인 납세자를 단순히 공공영역의 소비자로 한정 짓는 것은 조금 유감스러운 일입니다. 만약 공공기관들이 고객의 필요에서 출발하고 그들을 존중하며 대한다면 소비자 관점으로 바라보는 것은 말이 됩니다. 하지만 공공서비스 영역에서 소비자가 되는 것은 다른 문제입니다. 이것은 국가기관이 서비스의 생산자이고 그것을 소비자가 선택할 수 있다는 의미입니다. 하지만 우리가 생각하기에 이런 접근 방식은 공공서비스 영역에 적절하지 않습니다. 대부분의 경우 소비자가 실제로 무언가를 선택하는 일이 불가능하고 서비스는 생산되는 것이 아니며 다음을 위해 보관할 수도 없습니다. 서비스는 대상에 맞게 그때그때 창출됩니다. 그러므로 국세청 이용자는 한 명의 소비자 이상의 의미를 갖습니다. 즉 참여자인 동시에 공동 창시자가 됩니다.

스웨덴 국세청은 문의에 답하고 강제집행을 행하거나 개인 납세자의 행정적 문제를 처리합니다. 어떻게 보면 국민 한 사람은 고객이기도 하지만, 동시에 원칙적으로 (정부)대표입니다. 왜냐하면 공공권력 행사는 법치주의에 근거하기 때문입니다. 국세청 같은 기관은 그 원칙에 충실하고 하나의 집합체로서 국민을 위해 최선의 일을 하는 목적 이외에 다른 목적은 있을 수 없습니다. 이런 목적이 단순히 생산하고 소비하는 행위와 같을 수는 없습니다.

우리는 "운영관리도 줄이고 후속조치도 줄이는" 모델을 옹호합니다. 그 두 가지가 모두 필요하다는 것을 압니다. 하지만 그 자체가 본질이 되어서는 안 되며 필요한 경우에만 쓰이는 개념이 되어야 합니다.

국세청은 그동안 가치관리와 전통적 운영관리를 조합해 업무 성과 및 효과를 얻어냈습니다. 모든 부분이 다 필요하지만, 장기적으로는 가치관리가 가장 중요하다고 생각합니다. 업무처리에 시간을 쓰고, 직원에게 영감을 주며 새로운 생각으로 이끄는 특정 조치를 시행하는 데는 따로 목적이 있지 않습니다. 비전과 미션, 핵심가치는 새로운 사고를 자극하고 새로운 통찰력을 창출합니다. 달리 말하면 우리는 국세청 조직문화의 변화는 명확한 가치관리에 좌우된다고 확신합니다.

가치관리는 다른 여러 특수 상황에 맞는 운영관리로 뒷받침되어야 합니다. 통제와 의심이 아닌, 지원해주고 안내하는 태도를 유지하기가 결코 쉽지는 않습니다.

우리가 그동안 접해본 외국의 많은 국세청에서는 내부 직원들의 업무평가를 상세한 형태로 시행하고 있었습니다. 우리 스웨덴 국세청이 전체 조직의 공통 목표에 중점을 둔다고 말했을 때 그들은 회의적인 눈초리로 물었습니다. "그렇게 해서 어떻게 직원들이 일하게 만듭니까?"

우리 경험으로 미루어 보면 그것은 어려운 일이 아닙니다. 사람은 누구나 일을 잘하고 싶어하고 대부분은 열심히 하기 마련이기 때문입니다. 어쩌면 이것은 사람을 바라보는 관점의 차이입니다. 스웨덴 국세청이 거의 모든 납세자가 자발적으로 자기 몫을 공정하게 분담하려는 의지가 있는 사람들이라고 생각하는 것처럼, 스웨덴 국세청은 직원들도 최선을 다하려 노력한다고 믿습니다.

05

오랜 시간 쌓아온 신뢰

스웨덴 국민은 정부기관을 신뢰합니다. 정부기관마다 중요한 정도의 차이가 있기는 하지만 기본적 신뢰 수준은 높습니다. 물론 특정 기관에 대해서는 일을 좀 더 잘해야 한다고 생각할 수 있지만 대부분의 사람들은 정부기관이 최선을 다해 일한다고 생각합니다. 스웨덴 정부기관에 자기 주머니를 채우며 부정부패를 하는 고위 공직자가 있을 것이라고 믿는 사람은 극소수입니다.

신뢰와 정의는 함께 가야 합니다. 정부기관에 신뢰를 갖고 있다면 자연히 공정하게 대우받는다고 느낄 것입니다. 반대로 공정하게 대하면 신뢰가 생깁니다. 신뢰가 부족하면 사람들은 의심하게 되고 그만큼 정의롭지 못하다고 인식하기 마련입니다. 이렇게 되면 계속 하향 곡선을 그리게 됩니다. 신뢰는 구축하는 데는 오랜 시간이 필요하지만 사라지기는 쉽습니다. 이런 속담도 있습니다. "신뢰는 올 때는 걸어서 오고 갈 때는 말을 타고 간다."

신뢰는 정부기관의 가장 중요한 자산입니다. 국민이 신뢰를 보내면 정부가 행하는 조치와 활동은 더 큰 영향력을 가질 수 있습니다. 신뢰는 정부기관이 하는 모든 일에 영향을 주고 그들이 행하는 모든 일이 신뢰에 영향을 줍니다. 신뢰를 구축한다는 것은 단지 올바른 일을 한다는 의미만이 아니라 국민 한 사람 한 사람이 정부기관과 그 기관의 결정을 바라보는 관점에 대한 이야기입니다.

누구라도
신뢰를 쌓을 수 있다

신뢰도와 응대만족도 측면에서 스웨덴 국세청은 가장 '인기 있는' 정부기관 중 하나입니다. 다른 나라 국세청 사람들은 우리가 이렇게 말하면 도무지 믿을 수 없다고 말합니다. 그들은 돈을 가져가는 국세청은 국민들이 싫어할 수밖에 없는 기관이고 그것이 자연법칙이라고 말합니다. 스웨덴 국세청은 스웨덴국제개발청SIDA과 공동으로 프로젝트를 진행하면서 보츠와나 국세청과 한동안 협력을 한 적이 있습니다. 보츠와나 국세청도 국민들이 국세청을 얼마나 신뢰하는지 고객을 대상으로 조사를 해보려 했습니다. 하지만 많은 국민이 그 질문 자체를 이해하지 못해 조사가 어려웠습니다. "무슨 말이에요? 신뢰라고요? 어떻게 내 주머니를 털어 가는 기관을 신뢰할 수 있지요?" 심지어 보츠와나 국세청 직원들조차 질문이 이상하다고 여길 정도였습니다.

이와 비슷한 반응이 경제개발협력기구OECD 소속 국가들의 국세청들로부터 나왔습니다. 국세청은 도무지 인기를 얻을 수 없는 일을 하고 있고, 사랑받는 것 자체를 기대하지 말아야 한다고 합니다. 시도조차 할 필요가 없다는 것입니다.

스웨덴 국세청 내부에서도 세무조사 담당관으로부터 비슷한 이야기를 들어왔습니다. 국세청이 실시하는 강제집행 조치만으로도 신뢰를 쌓기는 어렵다고 합니다. 강제집행이라는 단어 자체가 아무도 달가워하지 않는 뜻을 담고 있기 때문입니다. 다른 나라 국세청에서도 그 업무 자체가 본질적으로 무자비한 일이기에 높은 수준의 신뢰를 쌓기는 어렵다고 말합니다.

이런 생각은 실질적 변화를 이루어내지 못하도록 마음의

장벽을 만들어내는 것으로, 안타까운 사고방식입니다. 또한 잘못된 생각입니다. 정부기관과 의사결정권자도 신뢰를 쌓을 수 있다고 입증해주는 연구가 있습니다.

절차의 정의:
올바른 일을 올바르게 해야 신뢰가 쌓인다

미국 학자 톰 타일러^{Tom Tyler}는 '절차의 정의'라는 개념에 대해 심층 연구를 진행했습니다. 사람들이 왜 자신들에게 불리한 결정이라도 따르게 되는지를 가장 잘 설명해주는 중요한 개념이라는 것입니다. 간략히 설명하면, 타일러는 사람들은 결정된 내용 자체보다 그것이 어떻게 결정되었는지, 즉 의사결정권자의 관점으로 사안을 본다고 주장합니다. 의사결정 절차가 공정하다고 판단되면 결과도 공정하다고 인식하고 의사결정권자에 대한 신뢰를 갖게 된다는 것입니다.

한 개인이 정부기관의 결정이 맞는지(규칙을 제대로 따랐는지), 틀리는지 파악하기는 어렵습니다. 그렇기 때문에 각 사람은 의사결정권자를 신뢰하는가 그렇지 않은가에 따라 그 평가가 달라집니다.

어떠한 결정이 공정한지 아닌지 여부를 판단하는 데는 법을 준수했느냐 하는 요인 외에도 여러 가지 핵심 조건이 있습니다. 이 조건들이 충족되면 의사결정권자가 믿을 만하다고 인식되고 그 결정이 아무리 개인의 이익에 반하는 것일지라도 옳다고 여기게 됩니다.

- 개인은 충분히 정보를 전달받았고 의사전달의 기회를 확보해왔다.
- 정부기관은 개인이 이해할 수 있도록 설명한다.
- 정부기관은 개인에게 이로운 방향으로 모든 논쟁점을 고려한다.
- 개인은 존중받았다고 느낀다.

2008년 스웨덴 국세청은 세무조사가 국세청의 신뢰도에 어떤 영향을 미치는지 조사했습니다. 탁상행정식 세무조사의 대상이었던 납세자들에게 세무조사를 받은 후 질문에 답해달라고 요청했습니다. 법인 납세자의 경우 세무조사 후 15% 신뢰가 증가했다고 응답했고 17%는 신뢰가 감소했다고 응답했습니다(그 외 나머지는 세무조사 전후로 달라진 점이 없다고 응답했습니다).

신뢰가 증가했다거나 감소했다고 답변한 사람들에게 다시 물었습니다. "당신의 신뢰도가 달라진 까닭이 있습니까?" 객관식이 아닌 주관식으로 답하도록 했습니다. 신뢰도가 증가한 가장 공통된 이유는 제대로 응대를 받았기 때문이고, 그다음으로는 "도움이 되었기 때문에", "일 처리를 능숙하게 하고 소통이 잘됐기 때문"이라는 답변이 나왔습니다. 신뢰도가 감소한 가장 공통된 이유는 제대로 응대받지 못했기 때문이라는 답변이 나왔는데, 거의 모든 응답자가 정확하지 않은 평가가 불만족스러웠다고 답했습니다.

어떤 요인이 신뢰도에 가장 큰 영향을 주는지도 분석해보았습니다. 신뢰도 증가는 "나는 제대로 응대받았다"라는 진술과 밀접한 관련성이 있었고, 그보다 더 밀접한 관련성은 "나는 공정한 대우를 받았다고 느낀다"라는 진술에서 나타났습니다. 그리고 추징 세액의 액수와 신뢰도 변화 간의 상관관계 분석도 이루어졌는데 매우 낮게 나타났습니다. 이 조사 결과를 간결하게 요약한 보고서는 다음과 같이 말하고 있습니다. "세무조사 결과보다 신뢰도 변화에 영향을 주는 더 중요한 요인들이 있을 것이다."

그러므로 개인이 제대로 응대받고 존중받는 것이 중요합니다. 이런 요소가 결여되어 있다면 높은 수준의 신뢰도를 달성할 수 없습니다. 또한 그 반대도 마찬가지입니다. 높은 수준의 신뢰도는 응대만 잘한다고 해서 얻을 수 있는 것이 아닙니다.

결정 자체가 잘못된 것이라면 아무리 응대를 잘한다 해도 소용이 없습니다. 우리는 모든 것을 올바르게 해야 할뿐더러 올바른 일을 해야 합니다.

2005년 발행된 보고서 〈시작부터 올바른〉에는 오스트레일리아 요양원 사례가 등장합니다. 이 보고서에는 서비스 시설 조사 및 요양원이 조사관의 말을 얼마나 잘 지켰는지 알아본 내용이 담겼습니다. 조사관의 조사가 이루어지고 2년 후에 어떤 결과가 나타났는지 보니, 상당한 개선된(규정에 더 부합하는) 시설은 조사관이 시설 책임자를 존중하며 대해준 곳이었습니다. 이 사례에서 보듯 어떤 결정을 내렸는가 하는 문제는 실제로 그다지 중요하지 않습니다. 절차의 정의는 세금, 지원금, 교도소 혹은 쓰레기 분리수거에 이르기까지 모든 영역에서 중요합니다.

낮은 신뢰도는
세무조사 때문이 아니다

우리가 내린 결론은 분명합니다. 한 기관이나 의사결정권자는 결코 주어진 임무 탓을 해서는 안 되며 그것을 신뢰도가 낮은 데 대한 평계로 삼아서도 안 된다는 것입니다. 어떤 임무를 맡았든 그것은 어느 정도 복잡할 수 있습니다. 하지만 복잡한 업무 자체가 신뢰를 쌓는 데 장해물이 되는 것은 아닙니다.

스웨덴 국세청이 경험한 바로는, 제대로 시행된 세무조사는 납세자가 세금을 상당 부분 추가로 내거나 벌금 또는 수감 형태로 처벌을 받을지라도 국세청에 대한 신뢰도를 높이는 데 도움을 줍니다. 이것이야말로 우리가 스웨덴만이 아니라 다른 나라의 정부기관에도 알려주고 싶은 메시지입니다.

'정의'는 핵심 요소이고 정당성을 창출해냅니다. 정당성은 각자에게 자신이 부여받은 몫을 공정하게 분담하겠다는 의지를 고취합니다. 이러한 논리는 절차의 문제, 전체적 조세 시스템을 디자인하는 일에도 적용됩니다. 세금은 민주주의를 강화할 수 있습니다. 납세자와 국가 사이에 상호의존성을 만들어내기 때문입니다. 폴 콜리어Paul Collier는 《빈곤의 경제학The bottom billion》에서 세계에서 가장 빈곤한 국가들의 상황을 묘사했습니다. 그는 국민에게 세금을 부과하는 국가들은 상대적으로 덜 압제적인 경향을 보인다고 서술했습니다. 반대로 국가 수입의 대부분을 천연자원에 의존하는 가난한 국가가 국민을 더 가혹하게 다룬다고 말했습니다.

여기에 바로 경각심을 갖게 하는 논리가 있습니다. 한 국가

"정부기관은 결코 맡겨진 임무 탓을 해서는
안 되며 그것을 자신들의 낮은 신뢰도에 대한
핑계로 삼아서도 안 됩니다."

가 세금으로 거둬들인 수입에 의존한다면, 납세자가 세금 내는 일에 더 관심을 갖도록 잘 대하는 것은 결국 국가 자신을 위한 일입니다. 납세란 곧 납세자에게 권한을 주는 것입니다. 국민과 국가 간의 상호의존은 민주주의 발전과 제대로 돌아가는 사회를 만들기 위한 바람직한 기본 환경입니다.

신뢰, 아무리 강조해도 지나치지 않다

한 기관에서 어떻게 일하는가는 무슨 일을 하는가보다 때로 더 중요합니다. 사람들은 당연하다는 듯 정부기관은 올바른 일을 하는 곳이라고 가정하기 때문에, 업무 자체에 대해 후한 평가를 내리지 않습니다. 하지만 정부기관이 실수를 했더라도 신속히 바로잡고 사과함으로써 문제를 해결하면 사람들은 매우 긍정적으로 받아들입니다. 모순적인 이야기가 되겠지만, 바로 그렇기 때문에 처음부터 잘하는 것보다 실수도 하고 또 바로잡기도 하는 것이 더 높은 신뢰로 이어질 수 있습니다.

신뢰는 인간의 경험에 관한 것입니다. 기대한 바를 넘어서고 예상치 못한 상황에서도 올바른 일을 하며 쌓이는 것입니다. 사람들이 기대했던 바를 전혀 느끼지 못한다면 신뢰와 관련해서는 아무 일도 일어나지 않습니다.

이런 문제는 한 정부기관이 업무 방식을 어떻게 개선해나갈 수 있는가 하는 사안에도 중요하게 적용될 수 있습니다. 때로는 질과 효율성을 증대하고자 일하는 방법을 표준화할 수 있습니다. 하지만 정부기관의 업무는 단계별로 흐름에 따라 하는 것이라기보다 예상되거나 예상치 못한 상황에 유연하게 대처하는 일인 경우가 많습니다. 이를 위해 국가기관 공무원과 직원은 달성해야 할 목표에 맞는 숙련 기술과 운영 능력을 갖추어야 합니다.

'신뢰'는 한 정부기관에서 촉매제 역할을 함으로써 이런 일을 가능하게 합니다. 스웨덴 국세청에 대한 강한 신뢰가 강제집행의 효과를 더 키워줍니다. 왜냐하면 대다수 사람들이 기본적으로 국세청은 올바른 방식으로 올바른 사실을 확인했으리라고 믿기 때문입니다. 같은 맥락에서 '의사소통'은 사람들이 국세청의 말에 의존할 때 더 효율적으로 이뤄지고 지시사항도 더 잘 따르게 됩니다.

많은 경우, 신뢰는 국민 간의 정상적 교류가 적절히 이루어지도록 하는 근본 요소입니다. 보 로드스타인$^{Bo\ Rothstein}$ 교수는 《사회적 덫과 신뢰의 문제$^{Social\ traps\ and\ the\ problem\ of\ trust}$》에서 이

탈리아 시칠리아 팔레르모 지역 택시기사들 이야기를 했습니다. 그들은 보통의 택시기사와 비슷합니다. 다만 그들은 보통의 택시기사들이 상호 교신용으로 쓰는 통신장비나 중앙관제센터를 별도로 갖고 있지 않습니다. 고객들은 오직 택시기사의 전화번호만으로 택시 위치를 추적할 수 있고 자신들이 있는 곳으로 다가오는 택시를 탈 수 있습니다. 택시 소유주들은 이 시스템 덕분에 고객을 더 많이 확보하고 더 빠른 길로 이동할 수 있습니다. 모든 사람이 이 시스템으로 혜택을 입었고 이제는 세계 도처에서 이런 방법이 확산되었습니다.

팔레르모에 중앙관제센터가 한 곳 세워진 적이 있는데 제대로 작동하지 못하고 오히려 혼란만 가중시켰습니다. 택시기사들이 손님을 확보하려고 실제 위치보다 고객이 있는 위치에 자신이 더 가까이 있다고 거짓으로 말했기 때문입니다. 모든 운전기사가 다른 기사들이 거짓말을 하고 있다는 사실을 알게 되었고, 그러자 거짓말은 더 늘어났습니다. 사태가 눈덩이처럼 커졌습니다. "이제 거의 다 왔습니다"라는 말로 모든 택시기사가 고객을 속이게 되었고 결국 그 시스템은 무너졌습니다. 그 대신 택시기사도 택시 승강장에서 예전보다 줄어든 고객을 기다려야 했고 주행거리는 늘어났습니다. 사회적 덫이 그들을 완전히 가두었습니다. 서로를 신뢰했다면 혜택을 얻었을 텐데 불신으로 말미암아 모든 사람이 손해를 보는 상황이 도래한 것입니다. 불신은 이렇듯 모두에게 영향을 끼칩니다.

높은 신뢰 수준이 주는 또 다른 긍정적 효과는 그것이 고용을 창출해낸다는 것입니다. 많은 구직자가 국세청에서 일하는 데 관심을 보이고 있는데 향후 전망이 좋고 전문성이 있기 때문이라고 합니다. 국세청에 대한 신뢰가 높아지자 국세청이 공적·사적 파트너와 협력하기가 한결 수월해졌습니다.

높은 수준의 신뢰를 쌓고 유지하려면 많은 노력을 해야 하지만 손해 될 일은 없다고 생각합니다. 물론 조직 내 직원을 훈련시켜야 한다면 그 비용이 들겠지만 기술보다 중요한 것은 태도입니다. 일을 잘못하는 것보다 올바로 하는 것이, 고객을 잘못 응대하는 것보다 제대로 응대하는 것이 비용을 더 아끼는 방법입니다.

우리는 스웨덴 국세청의 가장 큰 자산은 신뢰라고 말할 수 있는 지점까지 도달했습니다. 가장 구체적인 결과물은 바로 각자가 하는 일에서 나타나겠지만, 신뢰야말로 고도의 효율성과 저조한 납세에 따른 비용(손실) 절감(이것은 물론 납세자도 마찬가지입니다)을 위한 환경을 조성해줍니다.

06
/
고객응대는
무엇보다
중요하다

사람들이 스웨덴 국세청에 대한 호감이 증가했다고 말할 때 항상 언급되는 두 가지가 있습니다. 하나는 세금신고 절차가 간단해졌다는 점이고, 다른 하나는 과거와 비교해 고객 즉 납세자에 대한 공무원의 태도가 확연히 달라졌다는 점입니다. 많은 사람이 국세청과 함께 일하는 것에 부담이 없고 공무원들도 유쾌하며 자신들에게 도움을 준다고 말합니다.

1990년대 말 직업의식 개념이 도입되면서 국세청 내부에서도 가치 문제에 대한 관심이 높아졌습니다. 하지만 2003년이 되어서야 고객응대 방식을 개선하는 일이 본격 시행되었습니다. 스웨덴 국세청의 조직문화 변화에 가장 결정적이었던 요인을 하나 꼽는다면 우리는 고객응대 태도의 변화를 이야기할 것입니다.

이 영역에서 진행된 작업들은 국세청이 봉사해야 할 대상에 관한 우리의 관점을 바꿔주었습니다. 또한 처음에는 미처 예상치 못한 많은 긍정적 결과로 이어졌습니다. 그 작업은 수년에 걸쳐 발전에 발전을 거듭했고 지금도 여전히 진행 중입니다. 고객응대 개선은 결코 끝날 수 없는 일이라는 사실이 분명해졌습니다.

적절한 타이밍에 이루어진 '공무원 태도 조사'

2003년 마츠 쇠스트란드 국세청장은 조직 차원에서 고객응대 개선에 나설 시점이 되었다고 판단했습니다. 매우 적절한 타이밍이었습니다. 국세청 내에서도 이제 그런 생각을 받아들일 만한 분위기가 어느 정도 조성된 시점이었기 때문입니다. 운영이란 자연스럽게 조직을 이끌어가는 일이지만 동시에 세심하게 이루어져야 하는 일입니다. 조직문화, 가치와 관련지어보면 이런 측면은 더 중요합니다. 즉 응대를 잘하라고 누군가가 업무지시를 내릴 수는 없습니다. 좋은 응대는 자발적으로 내적 확신에서 나오는 것이어야 합니다.

고객응대 태도에 관한 설문조사는, 납세자가 국세청을 대하는 태도가 아니라 국세청이 납세자를 대하는 태도에 관해 그들이 어떻게 생각하는지를 조사한 것이었습니다. 이것이야말로 고객응대 개선을 위한 기본 중 기본이었습니다. 우리 두 사람은 이 작업에 가장 적극적으로 참여했는데, 이때 크게 동기부여를 해준 사람이 울라 크리스티나 벤네르그렌입니다. 그녀는 이전에 체납 세금을 징수하는 강제집행 기관(세무조사나 세금추징 등을 담당하는 기관으로 본래 국세청의 한 부서였으나 현재는 독립된 정부기관으로 분리됨)의 지역 팀장으로 근무했었습니다. 그녀는 응대를 제대로 하는 것의 중요성을 잘 파악했을 뿐 아니라 조직과 직원 간의 원활한 소통을 명확한 운영전략과 결합하는 능력을 보여주었습니다. 이 설문조사는 고객응대와 관련된 향후 추진 방향을 설정하는 데 매우 중요했습니다.

설문조사 방법

국세청은 민간 설문조사 기관에 의뢰해 '태도 조사'를 실시했습니다. 그 방식으로는 심층 인터뷰를 통한 질적 연구 방법이 채택되었습니다. 국세청에 대한 납세자의 인식을 전반적으로 파악해보려는 취지였습니다.

인터뷰 대상자들은 서로 다른 집단으로 구분되었습니다. 첫 번째는 개인과 법인을 구분했습니다. 법인(사업자)은 사업장 규모와 연령에 따라 세분화되었습니다. 개인은 청년, 장년, 외국인, 체납자 즉 강제집행 기관과 관련된 사람으로 분류되었습니다. 그다음 단계로 84회에 걸친 심층 인터뷰를 실시했는데, 각 세분 집단들 간의 차이를 명확히 파악하기 위함이었습니다.

예상을 빗나간 결과

조사 결과는 모두를 놀라게 했고 유익한 교훈을 주었습니다. 당초 우리는 답변을 통해 응답자들을 쉽게 구분할 수 있을 것으로 예상했습니다. 기본적으로 다양한 집단을 대상으로 한 조사이기에 제각각 다른 의견을 낼 것이라 생각했습니다. 하지만 결과를 보니, 모든 집단이 거의 비슷하게 느끼고 있었습니다. 집단 간 차이가 집단 내 개인 간 차이보다 훨씬 더 크거나 하지 않았습니다. 모든 인터뷰 대상자들이 국세청의 태도에 대해 비슷한 인식을 보였으며, 그들은 존중받고 싶어했습니다.

우리는 예상에 의존하기보다는 가능하면 객관적 지식을 통해 판단하는 것이 중요함을 깨닫게 되었습니다. 그리고 응대를 한다는 것은 우리 관점에서 '특정'한 행동 유형을 보이는

"응대를 잘하라고 업무 지시를
내릴 수는 없습니다. 그것은 각자의
내적 확신에서 나오는 것이어야 합니다."

어떤 집단을 만나는 것이 아니라 그저 한 개인과의 만남이라는 것도 깨달았습니다.

스웨덴 국세청 직원들의 세 가지 태도방식

질적 연구는 일반 대중과 사업자 대표 모두 국세청으로부터 세 가지 태도방식을 경험했음을 보여주었습니다. 스웨덴 국세청은 세 가지 다른 '얼굴'을 가지고 행동했던 것입니다. 이 세 얼굴 간의 차이는 개인이나 법인 납세자가 자신들이 어떤 대우를 받았는가를 입증하는 것일 뿐 내 세금이 어떻게 계산되었는지에 관한 문제는 아니었습니다. 그런 태도와 상관없이 납세자들은 스웨덴 국세청이 법에 따라 올바르게 행동한다고 느꼈습니다. 설문조사 기관과 공동 조사를 실시하는 가운데 우리는 A, B, C 세 가지 태도유형을 각각 중립적이면서 독립적인 변수로 설정했습니다.

태도 A는 거만하고 질책하는 방식으로 설명됩니다. 담당 공무원이 배려 없이 우월한 태도로 권력을 휘두른다고 느끼는 것입니다. 이런 태도는 고객이 전혀 신뢰받지 못하고(마치 탈세를 하고 싶어하기라도 하는 듯) 생각 없고 무지한 사람으로 취급받는다는 것을 보여줍니다. 이 태도와 관련된 감정은 의심, 처벌, 우월감, 경멸입니다.

태도 A에 대해 고객들은 자신들이 짓밟히고 있고 열등하며 가치 없고 무기력하다고 느낍니다. A 앞에서 그들은 고집을 부리거나 가능하면 빨리 그 상황을 모면하려고 아첨하는 존재가 됩니다. 인터뷰에 참여한 사람들은 그 경험을 이렇게 묘사했습니다. "초라하게 느껴졌고 마치 주인 앞에 불려나간 것 같았다", "공무원이 약간 거칠고, 사람을 도구처럼 취급했다".

태도 B는 사무적이고 규칙에 얽매이는 유형으로 설명됩니다. 이 유형은 사람들을 인간미 없이 대합니다. 이런 태도는 고객 당사자로 하여금 자신들이 공무원 눈에 한낱 물건이나 사건처리 대상으로 인식된다는 느낌을 갖게 합니다. 물론 업무처리는 정확히 해낼 수 있겠지만, 결코 배울 만한 자세는 아닙니다. B 같은 태도는 모든 사람이 동일한 권리와 의무를 갖지만 일반 대중도 법을 알아야만 하고, 실수를 한다면 그에 따른 고통을 감수해야 한다고 말합니다. B 유형은 무관심, 거리감, 무뚝뚝함이라는 태도와 관련됩니다.

이러한 태도에 대해 고객은 편안함을 느낄 수 없습니다. 대화를 나누면서 환영받지 못한다는 느낌을 받기 마련이고 자신이 공무원의 말을 제대로 이해했는지, 공무원이 자신의 말을 제대로 이해했는지 확신도 서지 않습니다. 태도 B 유형은 긴장감을 유발하고 당사자들이 마치 서로 다른 언어를 사용하는 것 같은 느낌을 받게 되고 멍청하게 보일까 봐 두려워합니다. 이런 관계로 인해 질문을 제대로 하지도 못하고 공무원의 말을 알아듣지도 못한 채 만남을 끝내기 마련입니다. 인터뷰에 응한 사람들은 이런 유형의 공무원을 "규칙과 법 조항 뒤에서 몸을 사린다", "엄격하고 형식적이며 질문을 두 번만 해도 짜증을 낸다"라고 묘사했습니다.

태도 C는 개방적 태도를 보이는 공무원입니다. 잘 들어주고 설명을 해줄 준비도 되어 있습니다. 사람들은 이런 공무원을 대답 잘해주고 배울 만하며 협동적이라고 묘사합니다. 공무원의 이런 태도는 그들이 고객과 동등한 입장에서 생각하고 고객에 대해서도 긍정적 관점을 갖고 있는 것으로 고객에게 인식됩니다. 납세자 대다수는 정직한데, 다만 규칙을 제대로 이해하지 못했을 뿐이며, 그렇기 때문에 도움이 필요할지 모른다는 것이 이런 태도를 지닌 공무원의 생각입니다. 이런 공무원들은 주어진 업무는 올바르고 객관적이며 공정하게 다룹니다. 태도 C와 관련된 감정은 이해해주고, 환영하고, 공감해주는 것입니다.

고객이 이런 태도유형을 경험하면 정보를 주고받는 것에 오히려 마음을 열게 됩니다. 믿을 만하며 존중받는다고 느끼기 때문에 그 공무원을 신뢰하는 것입니다. 이 같은 관계는 양쪽이 서로 토론하고 질문하면서 함께 해당 사안에 집중할 수 있게 해줍니다. 이는 다시 낙관적 결과를 이끌어내 고객은 도움받고 이해받으면서 바라던 결과를 얻게 됩니다. 인터뷰 응답자들은 이런 때는 세무 공무원이 내린 결정이 자신에게 불리하다 할지라도 받아들이기가 쉽다고 했습니다. 특히 사람들은 자신들이 느낀 바를 다음과 같이 이야기했습니다. "기분이 좋았고 내 의견을 표현할 수 있었다", "신뢰가 생겨 협조해주고 싶었고 정보를 주고 싶었다".

전화 인터뷰를 통한 후속 작업

태도 A, B, C 유형을 분석하고 그다음 단계에서 한 일은 이들 유형에 어떤 공통점이 있는지 밝히기 위한 양적 연구였습니다. 우리는 103차례의 전화 인터뷰를 진행했습니다. 개인과 법인 납세자들을 대상으로 20%는 스웨덴 국세청에서 태도

A 유형, 50%는 태도 B 유형, 60%는 태도 C 유형을 경험했다고 답변했습니다. 모든 태도에서 비교적 높은 비율이 나타난 것은 동일 인물이 국세청과 접촉하면서 다양한 공무원을 만났고 다양한 유형을 경험했기 때문입니다. 그래서 전체 수치는 100%를 초과합니다.

이 조사에서도 우리의 예상은 빗나갔습니다. 태도 B가 가장 많이 나올 것이라고 예측했었는데, 응답자의 60%가 응대를 잘 받았다며 C 유형을 언급해준 사실은 고무적이고 희망적이었습니다. 하지만 우리는 태도 A와 태도 B의 비율도 너무 높게 나왔다는 사실에 주목했고, 여전히 우리가 해야 할 일이 많이 남았다고 판단했습니다.

이 연구는 납세자들이 국세청으로부터 기대하는 태도유형은 C라는 것을 분명하게 보여주고 있습니다. 또 중요하게 도출될 수 있는 결과는 태도 A와 태도 B가 국세청에 대한 신뢰를 저해하는 요소로 작용했다는 것입니다(B보다 A가 더 신뢰 저해 요소인 것으로 나타났습니다). 태도 C만이 신뢰 증진에 기여하는 것으로 나타났습니다. 우리는 이 같은 연구 결과와 우리의 비전 사이에서 직접적 연관성을 발견했습니다. 바로 태도 C 유형만이 납세자로 하여금 자발적으로 자기 책임을 분담하려는 의지를 증가시킬 수 있다는 점입니다.

나는 어느 유형에
속하는가?

이 연구가 끝나고 태도 A, B, C 유형이 분명하게 이해됐을 때 스웨덴 국세청은 내부조사를 통해 직원들에게 각자 자신은 어떤 유형에 속한다고 생각하는지 물어보았습니다. 놀라울 것도 없이 가장 많은 답변은 C였습니다. 4%의 응답자만이 자신이 A 유형에 속한다고 시인했고, 그에 비해 조금 더 많은 사람들이 B 유형이라고 대답했습니다.

고객이 인식하는 바와 우리 스스로 생각하는 바는 다르다는 사실을 확인한 것은 좋았습니다. 국세청 직원 중 일부는 업무적으로 고객과 접촉할 일이 없는데도 왜 이런 조사에 응답해야 하는지 의아해했습니다. 그래서 우리는 태도의 중요성에 대한 인식 개선의 필요성을 절감했습니다. 누구를 상대하고 누구와 함께 일하느냐와 상관없이 봉사하는 대상에 대해 어떤 관점을 갖느냐 하는 것은 중요합니다. 고객응대와 문화는 접근 방식의 문제로, 특수한 상황에서 어떻게 행동해야 한다는 사실만 콕 집어 알려주는 것은 아니기 때문입니다.

또한 조사 결과에 따르면 자신의 태도가 C에 속한다고 말한 공무원들이 고객을 응대하는 일에 일반적으로 좀 더 긍정적 이미지를 가지고 있는 것으로 나타났습니다. 그들의 코멘트도 흥미로웠습니다. 다음은 그중 일부입니다.

"제 성격은 부분적으로는 다른 사람에 대해 동정심을 느끼고 도와주고 싶어합니다. 하지만 때때로 업무를 할 때면 그런 성격을 한편으로 제쳐두어야 한다고 생각합니다."

"지나치게 깐깐하게 모든 개인·법인 납세자가 세법과 규칙들을 다 알고 있다고 가정하는 것은 나쁩니다. 저는 그렇게 하지 않습니다. 하지만 '안타깝게도' 우리는 법을 준수해야 합니다. 공무원 한 사람이 그렇게 하고 싶다고 해서 예외를 둘 수는 없으니까요. 그렇기 때문에 우리가 '엄격하고 상황이 어떠하든 규칙을 따르는 사람들'로 인식되는 것은 있을 수 있는 일입니다. 하지만 그것은 단순히 깐깐한 것과는 다르다고 생각합니다."

이러한 이야기는 태도와 관련한 논의를 시작하고 그런 의견을 표현하는 것이 효과가 있었음을 보여줍니다. 직원들은 고객응대가 개선될 수 있음을 알고 있고, 납세자에게 잘해주면 법을 안 지킬 것이라는 흔한 오해에 대해서도 왜 그런 생각을 하게 되는지 설명의 여지가 있다는 것도 알게 되었습니다. 이처럼 직원들이 자신의 태도를 돌이켜보고 논의한다는 것만으로도 훌륭한 시작이었습니다.

태도 A, B, C 유형을
어떻게 업무에 접목시켰나?

조사 결과를 전달받고 우리는 국세청 조직 내에서 직원들을 소통시키는 업무에 착수했습니다. 여러 가지 업무가 있었지만, 우리 두 사람은 주로 강의를 하면서 직원 태도에 관해 얻은 정보와 결과를 어떻게 확산시킬지 의논했습니다.

강의에서 우리가 전달한 메시지는 단순했습니다. 고객응대를 잘하면 국세청 입장에서도 더 나은 결과를 얻게 된다는 것입니다. 우리의 시작점은 '모두가 자발적으로 자기 몫을 공정하게 분담하는 사회에 대한 비전'이었습니다. 이러한 비전은 국세청에 대한 신뢰에 힘입어 증진됩니다. 신뢰는 다른 어떤 것보다 고객을 잘 응대함으로써 쌓을 수 있습니다.

강의의 목적은 좋은 응대의 중요성을 인식시키고 응대를 잘한다는 것의 진정한 의미를 알려주는 것이었습니다. 우리는 직원들 모두가 일을 잘하고 싶어한다고 전제했습니다. 그러므로 일을 잘하는 방법을 새로 배웠다면 거기에 적응하는 것이 맞는 일입니다.

토의와 반성을 권장하다

우리는 지식, 토의, 반성 등이 행동을 바꾼다고 생각합니다. 그렇지만 이는 단순히 강의로 해결될 문제가 아니었습니다. 조직 차원에서 직접 나서서 태도에 관해 연구하고 토의하며, 자기를 비추는 연습을 하도록 권장했습니다. 각 조직에 태도 연구 관련 재량권이 주어져 특정 절차를 그대로 따를 필요가 없었습니다. 그 덕분에 연구 참여도가 증가했습니다.

책임의식에 대한 논의도 있었습니다. 운영진과 직원들 대다수가 이 주제를 다루는 것에 진정으로 관심을 보였습니다. 역할극, 강사 채용, 실제 사례 토의 활동이 진행되었습니다. 우리는 이런 활동을 지원하고, 강의를 하거나 토의에 참여했습니다. 지금도 요청이 있을 때마다 그런 활동을 하고 있습니다.

2005년 어느 날, 수백 명의 국세청 직원들에게 고객응대 및 태도에 관한 강의를 하면서 우리는 한 가지 깨달은 것이 있습니다. 그때 우리는 그 엄청난 중요성을 구태여 강조하지 않고, "오늘 좋은 하루 되세요", "즐거운 주말 보내세요" 아니면 상황에 알맞은 인사를 건네고 긍정적으로 이야기를 마무리 짓는 것만으로도 고객과의 만남이 좋을 수 있다는 정도만 말해주었습니다. 강의실이 웅성거렸습니다. 강의실 분위기가 바뀌면서 참석자들이 강하게 반발했습니다.

뒤이은 토의에서 대다수 직원이 그것은 국가기관을 대표하는 공무원이 취해야 하는 태도와 상충된다고 생각한다는 걸 알 수 있었습니다. 직원들은 "세금 10만 크로나를 납부하십시오. 좋은 하루 되십시오." 정도의 대화가 적절하다고 말했습니다. 그러면서 납세자와 유연하게 대화하는 방식이 적합하지 않은 상황을 늘어놓았습니다.

직원들은 혼란을 느낀 것입니다. "주말 잘 보내세요"라는 말을 언제 어떻게 써야 할지 몰라서가 아닙니다. 고객과의 접촉에서 그런 긍정적 문구를 사용하는 일 자체가 익숙지 않기 때문이었습니다.

이와 유사한 사례로 우리는 "안부를 전하며"라는 문구로 공문을 끝맺는 것이 허용되는지, 그것이 과연 적절한지에 대해서도 토의했습니다. 그런 문구가 항상 적합하지는 않을 수 있지만 이 또한 필요한 상황에서 각자 판단할 수 있는 문제입니다. 무엇을 해야 하고 무엇을 하지 말아야 하는지에 대한 상세한 관리 지침은 혼란을 해결하는 좋은 방법이 아닙니다. 그보다는 고객에 대한 이해가 필요합니다. 더불어, 자연스럽게 공감할 수 있는 사람이 되어야 합니다.

이제 이런 것은 문제가 아닙니다. 각자의 판단에 따라 대화에서 여러 가지 인사표현이 사용되고 있습니다. 하지만 직원들은 낯설고 이상하다고 여겨지는 경우에 처하면 실질적 의문을 갖습니다. 특히 사전에 준비된 대로 할 수 없는 상황에 처한 경우에 그렇습니다. 허용 여부를 알 수 없는, 정말로 애매한 상황일 수도 있지만, 대개는 직원들이 새로운 변화에 저항하는 하나의 방편입니다. 그렇기 때문에 직원들이 걱정하는 부분을 심각하게 받아들이고 충분한 시간을 주어 깊이 생각하도록 하고 해야 할 일을 직접 실행할 수 있게 해야 합니다. 시행 과정에서 발생하는 어려움은 상세 절차에 대한 설명이나 '간단한 지침'을 제공해줌으로써 관리해야 합니다.

자주 하는 질문과 반대 의견

태도와 올바른 응대의 중요성을 알리는 과정에서 우리는 수많은 질문을 받았고 때로는 우려의 이야기도 들었습니다. 이런 상황은 최근까지 계속되고 있지만 예전만큼 자주는 아닙니다. 흥미로운 것은 우리가 다른 정부기관, 시정부와 주의회에서 강의할 때도 똑같은 질문과 반대 의견이 나온다는 점입니다.

여기에 가장 공통적으로 나오는 반대 의견과 거기에 대해 어떻게 답변해야 하는지에 대한 팁이 있습니다.

"우리는 태도 C 유형입니다. 하지만 우리 고객들은 그것을 전혀 알아주지 않습니다."

이러한 시각은 사실 다루기가 힘듭니다. 이렇게 말하는 당사자는 당연히 C 유형의 태도를 가져야 하고 고객을 잘 응대하는 것이 중요하다는 점에 동의합니다. 그런데 이 사람은 본인이 이미 고객을 잘 응대하고 있기에 변화의 이유를 찾지 못합니다. 이 경우 공무원들은 그들 자신이 실제로 어떻게 인식되고 있는지 돌아봐야 합니다.

"우리는 법을 준수해야 하기 때문에 모든 사람이 원하는 대로 해줄 순 없어요."

이러한 반론은 다양한 형태로 가장 자주 등장합니다. 이는 모든 면에서 편의를 봐주고 고객이 원하는 바를 그대로 들어주는 것이 양질의 고객응대라고 보는 오해에서 비롯됩니다. 우리가 C 유형과 양질의 고객응대는 공무원이 어떻게 행동해야 하는가에 관한 것이지 업무에 관한 문제가 아니라고 조심스럽게 지적해주어도 이런 유의 반론은 매번 등장합니다. 그럴 때마다 우리는 법을 준수하면서 적절하게 "아니요"라고 말하는 것도 동시에 가능하다고 말해줍니다. 신뢰를 쌓는 일은 정중한 방법으로도 할 수 있습니다. 요즘에는 세무조사로 인해 어마어마한 금액을 추징당했을 때도 국세청에 대한 신뢰는 증가했다는 조사 결과를 이들에게 보여주기도 합니다. C 태도유형은 납세자들이 원하는 대로 해주는 것이 아니라 모든 사람을 존중하며 대하는 것을 가리킵니다.

"하지만 저는 자기 책임도 다하지 않는 납세자들을 상대합니다. 그렇기 때문에 태도 A와 태도 B가 더 알맞습니다."

우리가 가끔 듣는 이야기입니다. 받을 만한 자격이 있는 사람이 제대로 대우받아야 한다는 논리에 기초한 생각입니다. 탈세 의혹이 있거나 어떤 식으로든 공무원의 심기를 건드린 사람은 가혹하게 대해야 한다는 것입니다. 때때로 국세청 직원들은 어떤 납세자는 버릇을 고쳐줘야 하고 실제로 벌을 받아야 한다고 생각합니다. 하지만 이런 태도는 범죄 전문 조사요원에게서도 찾아볼 수 없는 태도라는 점을 짚고 넘어갈 필요가 있습니다. 그들은 사람을 언제나 정중하게 대해야 한다고 주장합니다. 누군가를 심문할 때, 즉 정보를 캐내는 데 그런 태도가 상당히 도움이 된다는 사실을 그들은 잘 알고 있습니다. 우리의 접근 방식도 매우 간단합니다. C 유형의 태도는 여러 가지 상이한 상황에서 다양하게 나타나지만, 불변의 진리는 C 태도유형만이 신뢰를 형성할 수 있다는 점입니다. 이런 태도를 취하며 사람들을 변화시키고자 한다면 특별히 더 해야 할 일은 없습니다. 다만 분명한 것은 사람을 제대로 대해 준다면 소통은 더 쉽고 더 성공적이라는 점입니다. 정부기관의 특정한 태도방식이 사람들을 몰아세우는 방법으로 쓰여서는 안 됩니다. 그런 목적이라면 오히려 다른 법적 대안이 있을 것입니다. 우리는 가혹한 처벌을 내리는 경우라 할지라도 모든 사람을 존중의 자세로 대하는 것이 국가공무원에게 부여된 역할의 한 부분이라고 생각합니다.

"당신들이 주장하는 내용은 그럴듯해 보이고, 다른 경우에도 효과가 있을 것이라 생각할 수 있습니다. 하지만 우리가 하는 일은 조금 특별해서 다른 방식으로 접근해야 할 문제입니다."

초창기에 이러한 반론이 가끔 있었습니다. 이런 유의 반론은 조직 내 특정 부서나 자기가 속한 조직과 다른 조직을 비교할 때 아주 흔히 등장합니다. 우리는 이것을 '우리는 너무 특별해요 신드롬'이라고 부릅니다. 자기 자신을 특별하다고 생각하는 것이 반드시 잘못된 것은 아닙니다. 하지만 변명으로 내세우기엔 논리가 빈약합니다. 우리 경험으로 미루어 고객을 만나는 일 자체는 특별할 게 없습니다. 누구나 존중받고 싶고 응대를 잘 받고 싶어하기 마련입니다. 상황과 환경은 다양하지만 항상 C 태도유형을 가질 수 있습니다. 위와 같은 반론을 제기하는 사람들에게 우리가 해주는 말은 "고객을 더 잘 응대하기 위한 시도라도 해보라"입니다.

"일일이 설명을 해주며 친절하게 대할 시간이 없습니다."

이러한 주장은 응대를 잘하는 일은 그렇지 않은 것보다 시간이 더 걸린다는 가정을 기초로 합니다. 물론 이것은 사실이 아닙니다. 어떤 것을 제대로 설명한다고 해서 엉터리로 하는 것보다 시간이 더 걸리는 것은 아닙니다. 물론 아무런 설명이 없는 것과 비교하자면 설명하는 것만으로 시간이 더 걸릴 수 있습니다. 하지만 실상 고객이 이해할 수 있도록 도와줌으로써 얻는 것들이 있습니다. 실수가 줄어들고 이를 통해 납세자의 경정更正 및 수정 신고로 인해 해야 할 업무가 자연스럽게 줄어들며, 궁극적으로 국세청에 대한 신뢰도가 증가하는 것입니다.

이렇게 열거한 이유들을 통해 우리는 C 유형의 태도가 전체적으로 자원을 절감하고 업무 효율을 증대시키며 더 강한 법적 확신을 갖게 한다고 믿습니다.

모든 사람을 같은 방식으로 대해서는 안 된다

우리는 태도 B가 태도 A보다 더 큰 문제라고 생각합니다.

보통 사람들은 기본적으로 태도 A는 아예 잘못된 것이라는 데 동의합니다. 그러나 사실 태도 B가 은근히 더 악질입니다. 왜냐하면 이 태도는 모든 사람이 기존 원칙에 입각해 동등하게 대우받아야 한다는 의미를 내포하면서 실상은 "위세 부리는", "공식적인" 같은 단어로 표현될 수 있기 때문입니다. 그것이 어째서 잘못된 것일까요? 케케묵은 관료주의의 전형으로 인식되기 때문입니다. 엄격하게 말하면 형식적이고 비인간적인 태도를 유지하면서 원칙만 따진다는 것입니다.

태도 A, B, C 유형은 우리가 어떻게 일하고 어떻게 공정한 태도를 유지하는가에 관한 것이지 결정을 내리는 내용에 관한 것이 아닙니다. 법을 준수하고 공무원이 어떤 태도를 취하든지 법대로 하는 것은 분명 올바른 일입니다. 하지만 태도 B는 사람들로 하여금 자신들이 눈에 보이지 않는 존재이거나, 유일한 개인이 아닌 단순한 사례 하나로 분류되거나 하나의 형태로 취급받는다고 느끼게 합니다.

태도 C는 모든 사람이 똑같이 대접받아야 한다는 의미가 아닙니다. 그보다는 모두를 제대로 대접해야 하고 처한 상황에 따라 저마다 다른 방식으로 다양한 사람을 대해야 한다는 의미입니다. 세법에 능통한 고객은 일상적 세무 업무를 처리할 때 빠르고 구체적인 답변을 원합니다. 그런데 거기서 구구

절절 긴 답변을 내놓는다면 그 고객은 자신이 아이 취급을 받는다고 느낄 수 있고 성가시다는 생각을 할 것입니다. 이런 고객들에게는 단도직입적이고 전문가다운 태도가 최선입니다(물론 공감과 존중의 태도는 동반되어야 합니다). 다른 예로, 중대한 결과가 예상되는 사람, 두려워하거나 불안해하는 사람의 경우에는 이야기를 잘 들어주고 안정적 분위기를 조성하기 위해 잡담으로 대화를 시작할 수 있는 누군가의 도움이 필요합니다. 이는 결국 상황과 사람을 잘 판단해 고객에 대한 응대방식을 맞춰가는 문제입니다.

실제로 전문적 접근 방식은 상황에 맞게, 대화를 나누고 있는 그 고객에게 맞추는 것입니다. 법과 규칙은 모든 사람에게 동일하게 적용되지만, 우리가 상황과 처지를 고려해 고객을 대한다면 더 평등하고 공정한 결과를 얻을 것입니다.

공공기관이 사람들을 존중과 존엄성 있는 태도로 대하는 것은 당연한 일이 되어야 하며 정부기관의 강령에 명시되어야 합니다.

"공공의 권력은 모두에게 가치 있는 평등에 대한 존중과 개인의 자유와 존엄성에 대한 존중의 태도로 행사되어야 한다. 한 개인의 개인적·경제적·문화적 복지는 공공활동의 근본 목적이 될 것이다."

사람을 제대로 대하는 것이야말로 궁극적으로 법에 대한 확신을 갖게 한다는 사실이 2008년 국가 조사에서 나타났습니다. 《재판에 대한 신뢰 증가》라는 제목의 정부의 용역 의뢰 연구 보고서 106쪽에는 다음과 같은 내용이 쓰여 있었습니다.

"재판에서 사건 심리 중인 사람에게 해당 사건에 대해 자유롭고 보다 정확한 설명을 마치도록 하는 것은 그로 하여금 안정감을 느끼고 자신의 이야기가 잘 경청되고 있음을 느끼게 하기 때문에 필요하다.

그러한 이유로 당사자와 증인을 잘 대우하는 것은 궁극적으로는 법에 대한 확신의 문제로 귀결된다. 재판부가 해당 사건 판결을 위해 최선의 기본을 갖추고 있다는 사실을 확인해주는 것이기 때문이다."

이런 관점에서 태도 C가 더욱더 요구됩니다. 적어도 공무원이라면 어떻게 행동해야 할지 이해하기 위해 사건 당사자의 이야기를 잘 들어주려 노력해야 합니다. 그러나 성공적으로 업무를 수행하려면 일 자체가 좀 더 만족스럽고 흥미로운 것이 되어야 합니다. 그래야만 업무 담당자 스스로도 더 몰두하게 되고 만나는 사람으로부터 긍정적 피드백을 받을 수 있기 때문입니다. 국세청 직원들에게 태도 C를 권장하는 것이 어려울 때도 있습니다. 하지만 그렇게 행동하고 그에 따른 긍정적 효과를 경험하면 본인 스스로 그런 태도를 유지하고 싶어합니다.

그렇다고 항상 고객이 원하는 것만 하는 것은 아니다

우리는 자주 고객이 공무원을 선택해서 문의할 권리가 있는가 하는 질문을 받습니다. 이 문제는 주로 여성 대신 남성 공무원을 만나고 싶어하는 경우에 나타납니다. 그때 우리는 질문을 달리해서 "그런 고객들의 요구에 저희가 어찌해야 할까요?" 하고 되물어보고, 그럼 다른 답변들을 얻게 됩니다. 어떤 사람들은 우리 공무원들이 그런 요구에 응해서는 안 된다고 하고, 어떤 사람들은 고객이 선택하도록 허용해야 한다고 말합니다.

우리의 관점은 분명합니다. 우리는 공무원의 성별이 고객의 입맛에 맞지 않는다는 이유로 담당 공무원을 바꿔달라는 요구를 들어주어서는 안 된다고 생각합니다. 이런 행동은 우리의 동료를 존중하지 않는 행동이며, 결코 고려할 만한 요구 사항도 아닙니다. 그것은 말 그대로 직접적 차별입니다. 그 질문을 바꾸어, 이민자 배경을 가진 공무원 대신 스웨덴에서 태어난 공무원을 고객이 요구한다면 모든 사람이 거기에 응해서는 안 된다는 데 동의할 것입니다. 간단한 논의를 통해 우리 대다수 직원은 이런 판단이 성별을 가리는 문제에도 똑같이 적용되어야 한다는 데 동의했습니다.

물론 담당 공무원을 교체해달라고 하는 데는 다른 이유가 있을 수 있습니다. 그러나 업무 처리상 잘못이 있을 경우에는 그런 교체가 가능할지 몰라도, 단순히 고객이 어떤 신체적 특징이나 소속집단을 선호하기 때문이라면 들어줘서는 안 됩니다.

문서 작성, 쉽고 간단하게 쓰기

고객응대 영역에서 일어난 주요 변화는 문서 작성 시 쓰는 언어였습니다. 우리의 소통 방식은 태도를 반영합니다. 언어는 우리가 상대방에게 관심이 있는지, 그들을 이해시키기 위해 노력하는지를 보여주는 증거입니다.

스웨덴 국세청에서 사용하는 문서 언어와 관련해서는 여전히 숙제가 많습니다. 지난 몇 년에 걸쳐 조직 내에서 쓰는 언어가 변해왔지만 아직 충분치 않습니다. 다양한 프로젝트를 통해 이 문제를 개선하고 언어를 단순하게 만들려고 했지만 결과는 미흡합니다. 좀 더 광범위한 계획안을 현재 시행 중인데 이것이 큰 결실을 맺기를 기대하고 있습니다. 그중 하나가 명확한 업무 언어에 대한 교육입니다.

그런데 세법상 정확하면서 이해하기 쉬운 언어를 구사하는 일이 참 어렵습니다. 국세청 내부에서는 법정에서 논쟁하는 방식으로 문서를 작성해야 한다는 생각이 보편적이어서 결과적으로 더 난해한 용어를 쓰게 됩니다. 다른 정부기관들도 상황은 비슷합니다. 우리는 이해하기 쉬우면서도 정확한 글을 쓰는 것이 얼마든지 가능하다고 봅니다. 이해하기 쉬운 글을 쓰는 것이 오히려 더 정확한 글이 될 수 있습니다. 문서를 받는 사람이 무슨 이야기를 하는 것인지 더 잘 이해할 수 있기 때문입니다.

사실 고객 입장에서는 국세청에서 문서를 보내기보다는 직접 말로 설명해줄 때 더 만족스럽습니다. 문서 소통은 때로 관료주의적이고 이해 불가능하며 융통성이 없다는 인식을 줄 수 있습니다. 어떤 사람은 세무서로부터 두 가지 상반된 느낌을 경험하고 있다고 말합니다. 공무원과의 대화에서 친절하다는 인상을 받는 동시에 똑같은 공무원으로부터 문서로 결정통지문을 받으면 완전히 다른 느낌을 갖게 된다는 것입니다.

언어는 국세청에서 강한 반발을 불러일으키는 이슈입니다. 우리가 조직 내 몇몇 부서에서 강의하며 직원들의 문서 작성 방식을 지적하면 어떤 이들은 정말로 불쾌해합니다. 많은 사람이 실은 자신의 글쓰기 방식에 상당한 자부심을 가지고 있습니다. 실제로 그들은 언어 능력이 뛰어나고 글의 구성까지 신경 쓰면서 상당한 시간을 투자합니다. 그런 탓에 글에 대해 지적하면 반발이 만만치 않습니다. "그럼 우리더러 앞으로는 애들처럼 글을 쓰라는 건가요?", "학교에서 교육을 제대로 시켜야 합니다. 그래야 사람들의 이해력이 올라가죠" 하는 반응을 보입니다. 공공기관의 업무 영역에서 글을 단순하게 쓰는 것은 품위가 떨어지고 적절치 않은 일이라고 대다수 사람이 생각합니다. 또한 공무원이 쓴 글을 납세자들이 이해하지 못한다 해도 그건 국세청의 문제가 아니라 그들의 문제라고 주장합니다.

우리는 실제 법정에서 필요하거나 요구되는 것에 대해 권위 있는 조언을 해줄 판사나 변호사 가운데 인정받는 사람들을 초대해, 이런 반응에 대한 해결책을 찾아보기로 했습니다. 그들에게 명확하면서 쉽게 이해가 되도록 글을 쓰는 것이 얼마나 중요한지 이야기해달라고 부탁했습니다.

점차 많은 직원이 전달하려는 메시지를 더 이해하기 쉽게 쓰는 것이 국세청의 관심사임을 깨달았습니다. 글을 명료하게 쓰는 것은 아이들의 언어를 구사한다는 뜻이 아닙니다. 글 쓰는 사람의 입장에서는 오히려 이것이 더 정교한 기술을 요하는 글쓰기 방식입니다.

어려운 단어에 대한 조사

2005년 스웨덴 국세청은 사람들이 우리가 공문에 쓰는 단어를 이해하고 있는지, 어떤 식으로 이해하는지 알아보기 위해 조사를 실시했습니다. 무작위로 선택된 사람들에게 "요금 문제는 해결되었습니다" 또는 "스웨덴 국세청은 당신에게 이 금액을 인정합니다" 같은 문장에 사용된 단어들을 살펴보도록 했습니다. 조사에 참여한 사람들은 각자 단어를 이해했다고 생각하는 정도에 따라 다음 세 가지 중 하나를 골랐습니다.

- 나는 그 의미를 완전히 알고 있다.
- 나는 그 의미를 알고 있다고 생각한다.
- 나는 그 의미를 모르겠다.

이 가운데 무엇을 택하든 단어에 대한 자기만의 설명도 쓰도록 했습니다. 총 130명이 스웨덴의 다양한 지역에서 이 조사에 응해주었습니다. 그 결과 많은 사람이 공무원들 스스로는 명확하다고 생각한 표현이나 단어를 그 의미를 이해하는 것조차 어려워하는 것으로 나타났습니다. 응답자의 42%만이 자신들이 '법인juridisk person'의 의미를 제대로 알고 있다고 답변했습니다. 그리고 이 가운데 단지 62%만이 정확한 설명을 해냈습니다. 전체 응답자의 3분의 1만이 정확한 의미를 알고 있었다는 이야기입니다.

많은 사람이 '법인'이라는 단어가 변호사, 재판관, 법학자를 말하는 것이라고 생각했습니다. 사실 설명하기가 쉽지는 않지만, 법인이란 협정에 관련된 단체나 연합을 의미하며 자연인fysisk person과 같은 권리를 행사할 수 있다는 뜻입니다. 예컨대 유한회사aktiebolag는 법인이 됩니다. '자연인'이라는 용어는 약간 더 쉬울 수도 있는데 그것은 신체를 가진 사람을 가리키는 법률 용어입니다. 이 용어는 응답자의 73%가 알고 있었습니다. 단어를 잘못 이해한 일부 응답자들은 강하고 건강한 사람을 뜻한다고 답변했습니다. 스웨덴 국세청의 내부에서 전문용어로 쓰이는 '신체적fysiker'이라는 단어는 외부에서 쓰는 것과는 완전히 다른 의미로 사용됩니다.

국세청에서 문서언어를 바꾸는 일이 어려운 이유를 정확히 설명하기란 쉽지 않습니다. 모든 사람이 한목소리로 바뀌어야 한다고 말하고 또 바꿀 수 있다고 말하지만 실제 상황에서는 이렇다 할 변화가 일어나지 않았습니다. 이는 무엇보다 너무 많은 변화를 한꺼번에 겪게 되는 것에 대한 두려움일 수 있고, 게다가 언어는 가장 많은 반발을 불러오기 때문입니다. 또 문서언어가 주요 수단으로 쓰이는 조직이다 보니 외부 비판이 있을지라도 어느 정도 면죄부가 주어지는 듯합니다.

언어라는 주제를 놓고 고민하면서 납세자들이 우리가 쓰는 언어를 어떻게 인식하고 우리가 어떻게 사용해주기를 원하는지 제대로 파악하려면 연구와 조사를 시행하는 일이 중요함을 깨달았습니다. 국세청은 바람직한 언어를 만들어내는 근거를 명확히 마련할 필요가 있습니다. 왜냐하면 국세청에서 일하는 사람들은 납세자에게 가장 적합한 언어가 무엇인지를 두고 지극히 제한적인 자기 생각만 가지고 있기 때문입니다.

'태도'는 일상의 한 부분

국세청 내에서 태도 문제와 관련해 우리가 실행한 작업은 처음에는 고객응대의 중요성을 인지시키는 것이었습니다. 널리 알리는 것이 중요했습니다. 하지만 우리는 이 일이 일상 업무에서 부차적 문제로 치부되고 관련 강의가 평상시 업무 외의 휴식 시간 정도로 여겨지는 상황을 원하지 않았습니다. 운영진도 그런 위험성을 예견했기에 고객응대가 일상 업무의 일부가 되도록 강력히 지원해주었습니다.

운영진과 직원들 사이에서 논의가 이뤄졌는데, "우리는 어떻게 신뢰를 구축하는가?", "우리가 이런저런 방법을 쓴다면 신뢰도에 어떤 영향을 줄 것인가?" 같은 주제에 초점이 맞춰졌습니다. 태도 A, B, C가 적어도 이 영역에선 하나의 통용되는 언어였는데, 국세청에서 일하는 사람들은 이것이 무엇을 상징하는지 알고 있었기 때문입니다. 이것이 운영진과 일반 직원 사이만이 아니라 직원들 사이에도 논의거리를 제공했습니다.

고객응대에 관한 신규 내부강좌를 비롯해 응대와 관련된 영역이 세무조사 방법론 같은 기존 강좌에 특별히 편입되었습니다. 직원 명부(2007)와 공인 현금등록기(2010) 관련 새 법이 시행되자, 국세청은 기업에 대한 대대적 세무조사를 불시에 실시했고, 이에 따라 내부강좌는 법과 태도에 중점을 두게 되었습니다.

태도에 관한 논의는 점차 채용에도 영향을 주었습니다. 초기에는 그렇지 않았습니다. 기본적으로 채용은 학점이나 직업 경력 등 객관적으로 쉽게 측정할 수 있는 요인에 기초해 결정하기 때문입니다. 고용 상황에서 어떤 사람의 태도를 판단하기란 어려웠고, 이에 대해 조직 차원에서도 우려를 나타냈습니다. 고용 문제와 관련된 결정에는 언제나 불복의 소지가 있기 때문이었습니다. 다행히도 객관적이고 감정에 치우치지 않는 평가 항목을 충족하는 방법으로 개인의 태도를 평가할 수 있었습니다.

고객응대 이슈는 최종적으로 급여 산정 항목에도 반영되었습니다. 국세청은 개인 급여 산정의 기준이 되는 직원 정책을 가지고 있습니다. 직원이 고객을 어떻게 대하는지에 대한 태도 항목이 해당 정책의 중요한 부분입니다.

이런 측정 방법은 고객응대가 일상 업무에서 핵심적 일부분으로 자리잡는 데 중요한 의의가 있었습니다. 운영진이 고객응대 문제를 심각하게 받아들이고 단순히 고객에게 립서비스를 하는 차원이 아님을 보여주는 상징적 중요성도 있었습니다.

국가공무원의 역할

태도와 고객응대는 미소와 유쾌한 태도만을 의미하지 않습니다. 이는 단순히 브랜드 이미지를 끌어올리거나 국세청을 마케팅하는 것에 관한 이야기도 아닙니다. 스웨덴 국세청은 그런 식으로 기관 마케팅을 하지 않는다는 분명한 정책을 가지고 있습니다. 신뢰는 올바른 방법으로 옳은 일을 함으로써 또는 무슨 일을 하고 어떻게 그것을 하느냐에 따라 쌓이는 것입니다. 이는 정말로 관점과 가치에 관한 문제이며 가장 좋은 의미에서 국가공무원이 되고 전문성을 갖는다는 의미입니다.

스웨덴 국세청이 조직의 미션가치를 발전시키기 위해 활용해온 정부의 미션가치가 있습니다. 정부부처에 있는 기본가치위원회에 따르면 중앙정부의 가치는 다음 여섯 가지 법칙으로 요약됩니다.

- 민주주의 : 모든 공공권력은 국민으로부터 나온다.
- 법치주의 : 공공권력은 법 아래에서 행사된다.
- 객관성 : 법 앞에 평등하다는 것, 객관성과 공정성이 준수되어야 한다.
- 의사표현의 자유 : 스웨덴의 민주주의는 의사표현의 자유에 근거한다.
- 평등가치, 자유와 존엄성에 대한 존중 : 공공권력은 모든 사람의 평등한 가치, 개인의 자유와 존엄성에 대한 존중과 함께 행사되어야 한다.
- 효율성과 서비스 : 효율성과 자원 관리는 서비스와 편이성과 결합되어야 한다.

이 여섯 가지 법칙은 대부분의 영역에 적용됩니다. 공무원이 되면 고용 기간 내내 봉사를 할 수 있다는 좋은 점이 있습니다. 기본가치위원회는 "공공 행정부와 사법부는 중요한 권력기구다. 기초적 의무사항은 국민을 섬기는 것이며 그 반대의 경우는 없다"라고 규정합니다. 덴마크 철학자 쇠렌 키르케고르는 같은 맥락에서 이렇게 말했습니다. "순수하게 돕는 일체의 행위는 내가 도와주려는 사람 앞에서 겸손함을 보일 때 시작되며, 그리하여 돕는다는 것은 지배하고자 하는 것이 아니라 봉사하고자 하는 것임을 이해해야 한다. 그런 마음이 없다면 그 누구도 도울 수 없다."

07

고객을
어떻게
바라보고
어떻게
대해야 하는가

피상적인 문구, 판에 박힌 듯한 억지웃음과 어색한 행동으로 하는 고객응대는 절대 성공할 수 없습니다. 대개 사람들은 자기가 진심으로 존중받는지 아닌지 금방 알아챕니다. 서비스를 제공하는 사람은 존중의 태도를 보여주어야 하고 도움을 주어야 합니다. 그리고 마음에서 우러난 것이어야 합니다.

요컨대 고객응대를 잘한다는 것은 첫째, 내적 확신에 근거해야 합니다. 자발적으로 자기 몫을 공정하게 분담하려는 태도는 납세자에게만 적용되는 것이 아니라 국세청 내부의 업무와도 직결됩니다. 그리고 둘째, 올바른 단어나 표현을 선택하는 문제 이상의 의미를 갖습니다. 여기서 중요한 것은 태도와 관점입니다. 이것이야말로 그동안 스웨덴 국세청이 고객응대 방식과 관련해 추진한 작업이 조직문화 변화에 중요했던 이유입니다. 조직 구성원 한 사람이 고객을 대하는 방식을 바꾸려면 자신의 가치관을 바꾸거나 기존의 가치관에 행동을 맞춰야 하는 것입니다.

스웨덴 국세청의 조직문화가 그간 어떤 경로를 지나왔는지 이해하려면 우리가 양질의 고객응대 아이디어를 어떻게 알렸는지 통찰해보면 됩니다.

매뉴얼보다 중요한 것은 진정성

우리는 고객응대를 주제로 이야기해줄 강연자로 고고학자이면서 민속학자인 질리스 헤를리츠에게 여러 번 도움을 요청했습니다. 그는 우리가 추진하는 많은 것과 관련해 아래와 같이 조언해주었습니다.

> "여러분은 의사소통과 고객응대 능력이 그 기술을 익히는 것이라고 믿어선 안 됩니다. 사람들과 소통하고 사람을 제대로 대하는 기술은 근본적으로 각자가 인류에 대해 품는 감정과 관련됩니다."

고객응대 방법을 암기해서 외우거나 속성 가이드북으로 배운다는 것은 말이 되지 않습니다. "그 고객이 A를 말하면 당신은 B까지 말해야 한다." 고객을 잘 대접한다는 건 아주 간단합니다. 세심하고 민감하게 관심을 갖는 것, 그들을 이해하는 것입니다. 그리고 진정성이 있어야 합니다. 어떤 만남에 아예 관심이 없고 지루함을 느낀다거나 만나는 상대가 유쾌하지 않다고 생각하면 그 속마음이 그대로 드러날 것입니다. 반면 어떤 만남을 재미있고 흥미로워하며, 상대방을 멋지게 바라본다면 그 역시 드러납니다.

물론 이렇게 하는 것이 실제 상황에서 언제나 쉽지는 않지만 우리가 고객과의 만남에서 취하는 행동은 대개 자기충족적 예언의 모습으로 나타납니다. 어렵고 지루한 일이라고 생각하면 그 시간은 정말로 지루할 것입니다. 반면 긍정적 태도로 임한다면 좋은 만남이 될 가능성도 높아집니다. 근무를 할 때도 즐거워지려고 노력하는 것은 그 자체로 중요합니다. 굳이 농담을 하라거나 크게 웃으라는 이야기가 아닙니다. 그보다는 우리가 일을 즐기고 있음을 확신하면 됩니다. 이렇게 되면 같은 일을 하더라도 진지함은 진지함대로 재미는 재미대로 느낄 수 있게 됩니다.

전문성 있는 미팅은 고객을 잘 대접하고 주어진 사안을 올바르게 해결한다는 특징이 있습니다. 원만하게 사람을 대하는 데 필요한 탁월함은 전문적 지식의 대체품이 아닙니다. 하지만 전문적 지식만으로 사람을 잘 응대하는 일의 탁월함을 대신할 수는 없습니다. 이 두 가지는 상충하는 것이 아닙니다. 즉 이것 아니면 저것이라는 식으로 둘 중 하나를 선택해야 하는 사안이 아닙니다. 그야말로 둘 다 필요합니다.

전문성은 또한 효율성과 연관됩니다. 바람직한 커뮤니케이션이 이뤄지면 오해가 줄고 시간이 절약됩니다. 또한 신뢰를 구축해 향후 관계를 더욱 용이하게 만들어줍니다.

편안한 분위기에서
존중하는 자세로

설문조사에서 인터뷰를 해준 납세자들은 잘못한 일이 없어도 국세청이 왠지 두렵다고 말했습니다. 국세청에서 전화나 공문이 오면 아무런 문제가 없다는 확인이 될 때까지는 숨도 못 쉬게 불안하다는 겁니다. 국세청 직원들도 때로는 납세자를 만날 때 긴장하는데 특히 납세자에게 우선권이 있을 때 그렇습니다. 자신들이 대답할 수 없는 질문을 받는 경우에 멍청하고 무능력하고 단순해 보이면 어쩌나 하면서 그런 상황을 가장 두려워합니다. 두 당사자가 모두 이런 마음이라면 그들의 만남이 성공할 가능성은 희박합니다.

납세자의 공포심을 줄여주는 것은 국가공무원으로서 우리의 책임입니다. 두려움이나 긴장감을 갖는 대신 만나고 있는 그 사람에게 오롯이 집중한다면 도움이 될 것입니다. 상황에 따라서는 가벼운 이야기로 대화를 시작하면 더 쉬울 수 있습니다. 이를테면 공무원이 사업자에게 운영하는 사업에 대해 가벼운 질문을 던지면서 대화를 시작할 수 있습니다. 그러면 그 사업자는 자신이 잘 알고 있고 말하고 싶은 주제로 이야기를 이어나갈 수 있습니다. 이로써 양쪽 모두 편안한 마음을 갖게 됩니다.

또 공무원이라고 해서 모든 것을 다 알 필요는 없다는 사실을 기억하면 도움이 됩니다. 모든 질문에 답하지 못한다 해도 걱정하지 말아야 합니다. 보통 정부기관에서 근무하는 공무원이라고 하면 관련 업무에 대한 지식이 있고 나름 능통한 사람이라 여겨집니다. 우리가 공무원으로서 느끼는 것과 다른 사람이 우리를 보는 시각에는 큰 차이가 있습니다.

사람이 모든 것을 다 알 수도 없고 실수를 할 수도 있습니다. 분명한 것은 고객들은 항상 존중받고 싶어한다는 점입니다. 어리석은 질문을 했을 때라도 존중받고 싶어합니다. 자세히 파고들면, 고객불만이라는 것도 실은 고객이 무시당했다고 느끼기 때문에 발생하는 것입니다.

누군가를 존중하며 대한다는 것은 당신이 그 사람의 모든 것에 동의하거나 그 사람의 모든 행위에 찬성한다는 뜻이 아닙니다. 존중은 공감이고, 신중하게 고려하는 것이며, 그 사람을 한 개인으로서 보는 것입니다. 사람들의 이야기는 그게 누구든 귀 기울여 들을 만한 가치가 있습니다. 우리는 다른 사람의 현재 상황이나 과거 그리고 그의 경험에 대해 알지 못하며, 우리에게는 그들을 판단할 권리도 없습니다. 경청하는 것, 열린 마음을 갖는 것이 중요할 뿐입니다.

많은 사람이 스웨덴 국세청은 이런 것들을 설명하는 일에 미숙하다고 생각하기보다 멍청한 것은 자신들이라고 생각합니다. 자신들이 어떤 것을 이해하지 못할 때 오히려 죄책감을 느낍니다. 그러므로 개방적이고 관대한 분위기를 조성하는 것이 중요합니다. 세상 어디에도 멍청한 질문이란 없습니다.

두 사람이 만나기 전에는 양쪽 다 상대방에 대한 선입견을 갖고 있기 마련입니다. 누군가를 만날 때 상대방에게 직접 말하지는 않아도 그 사람이 어떨 것이라는 생각을 갖게 됩니다. 어떤 사람이 필요로 하는 것은 실제로 그가 말하는 바와는 다를 수도 있습니다. 한 사람이 다 끝난 이야기처럼 보이는 문제를 계속 이야기한다면 거기에는 아직 해결되지 못한 무언가가 있다는 뜻입니다. 그 사람이 직접 필요한 점을 말하지 않더라도 파악할 수 있어야 하는 것입니다. 그때 우리가 해결 방법을 명확히 설명해준다면 대다수 사람들은 부정적인 대답일지라도 받아들입니다.

고객의 불만과 비판은 발전의 밑거름

납세자가 분노 가득한 채로 국세청에 직접 연락하는 일은 드물지만, 많은 공무원이 사실 이를 염려합니다. 어느 누구도 불평과 비판을 받고 싶어하지 않습니다. 그것이 비록 개인적 공격이 아니라 일하는 조직에 대한 비난이라 할지라도 말입니다. 비판을 잘 견디려면 이 사실을 기억하는 것이 중요합니다. 비판을 수용하는 기본 법칙은 경청하고 받아들이고(그것이 고객의 생각이거나 인지하는 것이라는 점) 해결책을 제시하고자 노력하는 것입니다.

또한 고객에게 말할 시간을 주는 것도 중요합니다. 이에 대해서는 나중에 다시 다루겠습니다. 대다수 사람들은 제대로 된 해결책보다 그 전에 우선 사과부터 받기를 원합니다. '사과'라는 것이 보통은 매우 어려운 일로 느껴지지만, 갈등 상황에서는 마음을 달래줄 수 있습니다.

국세청 직원들은 고객에게 사과하는 행위 자체가 잘못을 인정하는 것으로 보인다며 꺼려합니다. 공무원들이 아무런 잘못도 하지 않는 것은 드문 일입니다. 그렇다고 해서 잘못에 대해 따지고 들며 논의할 필요까지는 없습니다. 다만 어떤 건에서 잘못 진행된 사실이 있다면 그것에 대해서만 사과하면 됩니다. 조직을 대표해 사과를 할 수도 있습니다. 우리는 스웨덴 국세청의 직원으로서 직원 각자는 전체 조직을 대표하는 사람이라는 사실을 강조합니다.

하지만 대개 비판을 받으면 그것이 우리의 이미지와 자존심에 상처를 주기에 능숙하게 대응하기가 어렵습니다. 그보다는 화를 내거나 부인하면서 비판에 대응합니다. 그러나 우리가 어떻게 행동해야 하는지를 알면 업무 관련 미팅에서 상황에 알맞게 다른 방식으로 대응할 수 있습니다. 지금껏 우리는 F로 시작하는 다음 네 단계로 비판에 대처해왔습니다.

부인 첫 번째는 부인하는 것입니다. "아닙니다. 그것은 사실이 아닙니다" 또는 "그런 일은 일어나지 않았습니다"라고 말해왔습니다.

방어 그런 일이 실제로 일어났다는 것을 받아들일 경우에는 이렇게 방어해왔습니다. "네. 하지만 그럴 수밖에 없었습니다. 그래서…"

묘사 세 번째 단계에 이르면 그 사건을 방어하지는 않지만 그 일이 일어난 까닭을 해명하려고 노력합니다. "~때문에 그랬던 것 같습니다."

분별 네 번째 단계에서는 일어난 일을 이해하고 받아들입니다. "알겠습니다. 그 사건이 이렇게 일어났군요. 우리는 앞으로 다음과 같이 하겠습니다…."

여기에 간혹 다섯 번째 단계가 추가됩니다. '적용'입니다. 상황을 모두 이해했다면 다음에는 두 번 다시 같은 일을 반복하지 않도록 조치를 취해야 합니다.

고객의 불만 사항은 실제 업무에서 아주 유용한 역할을 할 수 있습니다. 즉 고객의 비판을 그 자체로 받아들이지 말고 새

"불만 사항은 실제 업무에서 아주 유용합니다.
비판을 비판으로만 받아들이지 말고
새롭게 배우는 지식이며
개선의 기초로 받아들여야 합니다."

로운 지식이며 개선의 기초가 된다고 여겨야 합니다. 개인과 법인 납세자들이 스웨덴 국세청의 개선 방안에 대해 굳이 시간을 내서 이야기해주면 좋은 이유가 그것입니다.

정보를 제공하는 사람에게 필요한 책임과 역량

국세청에 연락하는 대다수 사람들은 문의한 내용에 대한 답변을 듣고 싶어하고 정보를 얻고자 합니다. 그냥 답변을 해주는 것과 정보를 제공받은 사람이 답변을 얻었다고 느끼는 것 사이에는 중요한 차이가 있습니다. 우리가 설명을 했다 해도 상대방이 이해를 했는지 장담할 수 없기 때문입니다.

대부분의 커뮤니케이션 모델은 보내는 사람과 받는 사람으로 이루어집니다. 보내는 사람에게는 전달해야 할 메시지가 있습니다. 받는 사람이 그 메시지에 응답하는 일이 보내는 사람의 관심사이기 때문에 받는 사람이 메시지를 제대로 이해하도록 할 책임은 당연히 보내는 사람에게 있습니다. 그러므로 메시지의 형식과 받는 사람의 필요에 맞게 전달 방식을 잘 조절해야 합니다.

정보의 시작이 국세청이든 아니면 개인이 요청한 것이든 기본적으로 국세청은 우리가 정보를 제공하는 대중에게 관심을 갖고 있습니다. 받는 사람이 이해를 못해 아무런 반응을 보이지 못하는 정보를 제공하는 것은 시간과 에너지 낭비입니다. 정보 수용자의 필요와 상황을 이해하는 것은 매우 간단하며 효율성도 있습니다.

더욱이 우리는 정부기관이므로 보내는 사람으로서 책임이 있음을 깨닫는 것이 중요합니다. 책임과 함께 행동해야 할 의무가 따릅니다. "그 사람들이 이해하지 못한 탓입니다" 또는 "그 사람들은 교육을 받지 못했습니다"라고 말하며 받는 사람에게 책임을 전가하는 것은 피해자를 웃음거리로 만드는 일이며 효율적 행동을 취할 역량을 잃은 것입니다.

질문에 답하는 것을 넘어 문제 해결을 위해 노력한다

한 가지 유사한 접근 방법이 여러 사안을 다루며 의사결정을 하는 데 적용될 수 있습니다. 무언가를 신청하거나 도움을 원하는 사람은 요구 사항이나 해결해야 할 문제가 있는 것입니다. 정부기관으로서 우리는 그 사안을 있는 그대로 다루어야 할 뿐 아니라 그 상황을 이해하고 해당 고객의 요구 사항을 해결해주려고 노력해야 합니다.

스웨덴으로 이주한 어느 덴마크 부부의 사례를 살펴보겠습니다. 이 부부는 스웨덴에서 아이를 낳았고 그 아이의 중간 이름에 덴마크 성을 넣고 싶어했습니다. 하지만 당시(불과 몇 년 전) 법에 따르면 이 일은 불가능했고 그래서 거절되었습니다. 이 거절 결정은 법적으로는 적확했습니다. 그 부부는 이후 덴마크 대사관에 연락했고 덴마크에 있는 변호사에게 연락했으며 그리하여 중간 이름 대신 두 번째 이름으로 성을 부여하는 것이 가능하다는 결과를 얻게 되었습니다.

그들 부부는 이러한 요구 사항을 담은 신규 신청서를 다시 제출했고 허가를 받았습니다. 이 역시 법에 맞는 결정이었습니다. 그 부부는 실망감을 나타냈습니다. "왜 어느 누구도 우리가 뭘 어떻게 해야 하는지 말해주지 않았던 거죠?" 그 경우 우리는 법조문을 글자 그대로 해석해주는 데 그칠 게 아니라 고객이 원하는 것, 즉 자녀 이름에 덴마크 성씨를 넣어주고 싶어하는 그 마음에 알맞게 행동하고 해결책을 제시해주어야 했습니다. 만일 그랬더라면 고객은 만족하고 우리는 신청서를 하나로 처리함으로써 좀 더 효율적인 업무 처리가 가능했을 것입니다. 이 사례에서 보듯 정부기관으로서 우리가 상황을 전체적으로 보고 해결 방안을 찾는다면 모두가 이득을 얻게 됩니다.

08
/
관점과
행동방식
바꾸기

몇 가지 괜찮은 요령이나 방법을 써서 단기간 내에 획기적 변화를 만들어낸다고 하면 솔깃합니다. 하지만 우리는 그렇게 생각하지 않습니다. 열심히 일하는 자세가 필요하고 새로운 지식을 습득하며 발전해야 한다고 생각합니다. 거기에는 지름길이 있을 수 없습니다.

스웨덴 국세청에서 가치와 행동방식을 바꾸기까지는 긴 시간이 필요했습니다. 이러한 변화는 조직 구성원 한 사람 한 사람으로부터 비롯되어야 하고, 개인적 확신이 기초가 되어야 합니다. 이는 앞서 이야기했듯 안정된 운영구조와 가치를 염두에 두고 일하려는 지속적 노력으로 얻어집니다. 변화는 강요해서 얻을 수 있는 것이 결코 아닙니다.

스웨덴 국세청이 보여준 발전은 특정 방법으로 얻은 것이 결코 아니었습니다. 그 발전은 새로운 경험에 바탕을 둔 지속적 학습 과정의 산물입니다. 돌이켜 보면 변화를 위한 노력에는 몇 가지 매우 중요한 요인이 있었습니다.

변화의 시작은 고객을 알고 우리 자신을 아는 것

국세청의 발전 이면에서 중요한 원동력이 되었던 것은 고객들의 필요와 관점, 스웨덴 국세청이 어떻게 보일는지를 스스로 인식했다는 점입니다. 우리 자신과 우리가 만나는 고객을 새롭게 알아가는 것은 우리의 태도와 가치에도 영향을 주었을 뿐 아니라 우리의 행동과 일하는 방식에도 변화를 가져왔습니다.

국세청의 태도에 대한 2003년의 설문조사(태도 A, B, C 유형)가 한 예라 할 수 있습니다. 고객을 더 잘 응대하자는 것이 조사의 직접적 결론이었지만 더 폭넓게 고객을 존중과 공감의 태도로 만나야 한다는 생각에까지 이르면 결국 우리 자신이 하는 일에도 영향을 미치는 것입니다. 고객에 대한 이해가 깊어지면 깊어질수록 더 올바르고 객관적인 태도를 갖게 됩니다. 제대로 된 고객응대만으로도 수많은 긍정적 효과가 파생되어 나옵니다.

스웨덴 국세청은 전통적으로 재정적 측면에 다소 중점을 두어 활동해왔습니다. 그것이 세금수입을 극대화하기 위한, 공공이익의 대표자로서 우리의 의무라고 인식했던 것입니다. 법의 테두리 안에서, 가능하다면 그 한계치를 끌어올려 세금을 더 많이 걷겠다는 뜻이었습니다. 이는 때로 국세청과 납세자 간에 갈등을 낳기도 했습니다.

이런 모습은 지금도 우리가 직면하고 있는 현실입니다. 세법이 명확하지 않아 교묘히 빠져나갈 여지가 있는 경우 갈등이 생겨납니다. 특정 개인에 대한 어떤 적개심 때문이 아니라 스웨덴 국세청이 국민의 대표자로서 자신의 역할을 바라보는 방식에 갈등의 원인이 있습니다. 하지만 그동안 조직 내부의 가치는 더 객관적인 자세를 취하는 방향으로 발전해왔으며, 제대로 된 고객응대, 고객의 관점으로 바라보기, 신뢰에 대한 강조가 그 이면에 있었습니다.

그런데 스웨덴 국세청 내부에서 이런 변화는 뜻밖의 문제를 가져올 수 있다는 우려의 목소리가 있었습니다. 납세자에게 지나치게 호의를 베풀다 보면 세금과 관련된 결정에서도 관대해져 납세자 좋은 일만 시킨다는 것입니다. 이 위험성도 분명 존재하지만 우리는 그것 역시 큰 문제로 여기지는 않았습니다. 혹시라도 그런 결정을 내릴지 모른다는 우려가 크다 보면 그런 일이 일어나지 않도록 오히려 주의하게 될 것이기 때문입니다.

스웨덴 국세청이 지나치게 관대한 결정을 내리기 시작한다면 납세자가 먼저 불공정하다는 판단을 할 것이며 그로 인해 국세청에 대한 신뢰도 낮아질 것입니다. 신뢰와 공정성은 모두를 만족시키고 최고의 보편적 결과를 찾으려 노력하는 데서 나오는 것이 아니라, 어떤 상황에서든 올바르게 행동하고 모든 사람을 존중하며 대하는 자세에서 나옵니다.

존중과 공감은 '올바른' 행동으로 이어집니다. 늘 이런 행동을 예상할 수 있는 것은 아닙니다. 그러므로 명확한 가치를 가진 조직의 운영 능력이 중요합니다. 그런 조직이라면 예측 불가능한 상황에서도 올바른 행동을 취할 것입니다.

국세청이 기대하는 것, 납세자가 원하는 것

2007년 스웨덴 국세청은 서비스헌장 도입을 논의하면서 또 하나 새로운 사실을 이해하게 되었습니다. 이른바 서비스헌장이란 업무 처리 시간, 응대 방식과 관련해 고객이 기대하는 바를 명확히 약속해놓는 것입니다.

우선, 납세자를 대상으로 수차례 인터뷰 설문조사가 시행되었습니다. 더 많은 정보를 모으기 위해 국세청 직원들을 대상으로도 인터뷰가 시행되었습니다. 늘 그렇듯 이번의 조사 결과도 국세청 내부의 예측과 납세자의 생각이 결코 같지 않음을 보여주었습니다. 국세청과의 관계에서 납세자가 가장 중요시하는 바는 세금 정보를 제대로 얻는 것과 응대를 잘 받는 것으로 나타났습니다. 고객은 여러 부서의 세무 공무원들을 일일이 상대해야 하는 것, 여기저기 찾아다니는 것을 원치 않았습니다. 무엇보다 자신이 환대를 받고 있고, 본인과 관련된 업무 건이 어떻게 진행되고 있는지 알고 싶어했습니다. 해당 업무에 대한 평균 처리 시간이나 최대 소요 시간에 대한 약속만으로는 특정 고객과 관련된 업무에 대한 어떤 답도 되지 못합니다.

이러한 새로운 사실들을 알게 되면서 스웨덴 국세청 내의 위원회는 업무 처리 시간은 물론 다른 구체적인 약속 내용을 담아 서비스헌장 초안을 만들었습니다. 그 헌장에 납세자, 즉 고객 한 사람이 국세청 직원과의 만남에서 기대하는 내용을 담았는데, 좋은 응대와 명확하고 간결한 정보 제공이 그것입니다. 그리고 고객의 문의에 답변할 수 있는 다양한 커뮤니케이션 채널을 제시했습니다.

국세청이 서비스헌장을 대중에게 소개하기 전에 우리가 그 약속대로 제대로 일하고 있는지 직원들의 반응을 살펴보고자 그 초안 격으로 팸플릿을 제작해 다양한 부서 직원들에게 배포하고 의견을 들었습니다.

다양한 견해가 나왔습니다. 서비스헌장 초안의 내용이 갈피를 못 잡는 느낌이라고도 했고, 명백한 사실을 말하고 있다고도 하고, 사람들이 다 아는 내용이라 별로 새로울 게 없다고도 했습니다. "고객들은 이미 과거보다 요구사항이 더 많아졌는데 앞으로는 어떻게 되는 건가요?" 하고 질문을 던지기도 했습니다. 또 서비스헌장에는 구체적 약속이 부족해 핵심을 비껴가고 있다는 비판도 많았습니다. 반면 극소수는 아주 좋은 시도라고 칭찬하며 서비스헌장 안에 고객들을 위한 중요한 정보가 담겨 있다고 말했습니다.

납세자 대상 조사에서는 대다수가 환대받는 느낌과 열린 태도를 원한다고 답했습니다. 또한 도움을 받을 수 있기를 원했습니다. "우리는 여러분에게 도움이 필요할 때 여러분을 위해 이곳에 있습니다" 같은 문구는 고객들의 그런 요구 사항을 제대로 포착한 듯 보이기는 합니다. 실질적으로는 국세청의 업무 처리 시간 목록을 고객들이 나중에라도 확인해볼 수 있기를 바랐습니다. 결국 그 서비스헌장은 채택되지 못했습니다. 국세청이 기대하는 것과 납세자가 원하는 것 사이의 차이를 좁히지 못했기 때문입니다.

'고객'에 대한 접근법

우리가 각자의 역할을 어떻게 생각하느냐 하는 문제는 우리가 서비스를 제공하는 집단과의 관계에서 매우 중요합니다. 그들을 대상으로, 목적으로, 사용자로, 고객으로 보는지 아니면 민원인으로 보는지, 즉 어떤 접근법을 선택하느냐가 우리 자신과 우리가 서비스를 제공하는 상대 사이에서 힘의 균형이라는 측면에 영향을 줍니다. 상대방이 원하는 것을 해야 한다고 말하기는 쉽습니다. 하지만 고객은 우리가 자신의 이야기를 주의 깊게 들어주기를 바라고, 우리도 고객이 비록 자신이 원하는 답변을 얻지 못한다 해도 만족감을 느끼기를 바랄 것입니다.

'고객' 개념은 국세청만이 아니라 스웨덴 내외 그리고 공공 영역에서 언제나 논의를 불러옵니다. '고객'이라는 단어의 사용과 무관하게 이러한 논의는 그 자체로 유용합니다.

국세청 내에서도 '고객' 개념에 대한 반대 의견이 나왔습니다. "그 사람이 고객이라면 나는 도대체 누구인가요? 단순 판매자인가요?" 고객이라는 단어가 공무원으로서 우리 자신을 너무 가볍게 여기도록 만드는 느낌을 갖는 것입니다. 이런 시각은 공공성에 대한 관점이 우리에게도 영향을 준다는 사실을 깨닫게 해주었습니다. '납세자'에서 '고객'으로 단어를 변경한다고 해서 공공성에 대한 생각을 바꾸는 것은 아닙니다. 하지만 공공성에 대한 '나 자신'의 관점에 변화를 가져올 수는 있습니다.

'고객' 개념에 대한 또 다른 반대 의견으로는 모름지기 '고객'이라고 하면 자신들이 쇼핑할 지역을 선택할 수 있어야 한다는 지적이었습니다. 그러나 개인이나 법인이 세무서를 선택할 수 없다 해도 국세청은 그 고객들이 마치 자신을 선택해준 것처럼 대할 수 있습니다. 이 경우 '고객' 개념은 결국 공공성에 대한 우리 공무원들의 인식인 것이지 고객이 국세청을 인식하는 관점을 의미한다고는 볼 수 없습니다.

국세청은 개인에게 엄청난 권한을 행사할 수 있는 권력기관입니다. 그러므로 국세청은 업무 처리를 하고 사람을 대할 때 겸손한 태도로 임해야 합니다. 단순히 태도를 말하는 것이 아니라, 납세자 개인이 때로 국세청 권력 앞에서 무기력한 감정을 느끼며 그들도 납세자로서 권리가 있다는 사실을 이해하자는 것입니다.

국세청이 받은 의견을 보면, 사람들은 보통 국세청으로부터 만족스럽지 않은 대우를 받았을 때 자신들을 가리켜 '고객'이라고 부른다는 데 주목됩니다. 예를 들어 "고객의 한 사람으로서 나는 ~에 대한 권리가 있어요"라는 식입니다. 반면 응대에 만족했을 경우에는 보통 '나'라고 표현합니다. 모든 개인이 권리를 가지고 있습니다. 자신이 존중받지 못한다고 느낄 때 그들은 '고객의 소리' 카드를 꺼냅니다. 이로써 자신들의 위상을 강화하려는 것입니다.

우리가 사용하는 단어는 우리가 생각하는 방식에 영향을 주고, 우리가 생각하는 방식은 행동방식에 영향을 끼칩니다. 우리가 국가기관으로서 누구에게 봉사해야 하고, '그들'과 '우리'의 권력관계가 어떠해야 하는지에 대한 논의는 언제나 유익합니다.

"존중과 공감은 '올바른' 행동으로 이어집니다.
그것이 어떤 행동일지 예측이 되는 것은 아닙니다.
하지만 명확한 가치를 가진 조직을 운영하는 힘은
바로 거기에 있습니다."

동영상 인터뷰로
고객의 시각을 생생하게 체험하다

그동안 국세청에서는 아주 많은 조사를 실시했고 이를 통해 우리도 많은 것을 배웠습니다. 이 조사는 대부분 질문지에 답변하는 형태로 이루어진, 관점과 의견 차이를 발견하는 양적 연구였습니다. 최근에는 심층 인터뷰를 포함해 질적 연구가 많이 실시되었는데 사람들의 시각과 경험에 대한 좀 더 상세한 형상화를 위한 작업이었습니다. 양적 연구와 질적 연구가 모두 필요하지만, 특히 질적 연구는 전체적으로 새로운 정보와 통찰력을 얻을 수 있다는 점에서 매우 중요합니다.

국세청의 조사는 사설 리서치 업체에서 대행하는데 그 결과가 파워포인트 형식으로 제공됩니다. 짧은 문장과 다양한 그림, 그래프, 표로 구성됩니다. 그런데 이런 추상적이고 기술적인 발표 자료에서 심오한 결론을 이끌어내기란 쉬운 일이 아닙니다.

일례로, 우리는 사설 업체에 장문의 보고서를 요청한 바 있습니다. 국세청에서는 이런 보고서가 파워포인트보다 진지하게 받아들여집니다. 이 요구는 리서치 업체 입장에서는 다소 힘겨운 일이었고, 그래선지 국세청이 만족할 만한 수준의 보고서를 제출하지 못했습니다. 우리는 업체와 함께 다른 식의 접근 방법을 취해보았습니다. 심층 인터뷰를 모두 동영상으로 녹화했는데 생각보다 어렵지 않았습니다. 동영상 인터뷰를 요청할 때 국세청 서비스의 질을 높이기 위한 것이라고 설명해주면 인터뷰 대상자들도 거의 거절하지 않았습니다.

우리는 동영상 인터뷰를 파워포인트 보고 자료와 함께 활용했는데, 기대 이상의 성과를 얻었습니다. 동영상 인터뷰 내용 자체가 흥미진진했습니다. 그리고 인터뷰 대상자들이 전해준 메시지는 파워포인트상의 도표와 비교할 때 완전히 다른 방식으로 생동감을 주었습니다. 누군가가 우리에게 자신의 경험담을 직접 이야기해주면 더 사실적으로 들리고 그들의 감정도 더 잘 이해하게 됩니다. 이 동영상은 그냥 외면하기 힘들 정도로 사람들의 감정을 잘 담아냈습니다. 한 사업체 대표가 관계가 별로 좋지 않던 국세청이나 다른 정부기관과의 회의에서 자신의 두려움과 걱정거리에 대해 담담히 이야기하는 것 같은 모습이었습니다. 한 운송업체 대표는 미등록 트럭들이 많아 회사 운영이 너무나 힘들다고 말했는데, 그가 트럭을 의인화해 표현한 것이 인상적이었습니다. "그는 문건에 나와 있지도 않아요." 그 회사 대표가 특별히 부드럽고 완곡한 표현을 썼다는 인상은 없었지만, 자신의 일에 열정을 가진 사람이었고 권력기관의 행정관이나 담당자를 만나는 데 대해서는 관심이 아예 없거나 아니면 그 만남을 즐기는 사람이었습니다.

국세청 같은 권력기관은 개인 납세자들이 세금 문제에 지나치게 예민하고 기업들은 조세회피를 염두에 두고 행동한다고 쉽게 단정짓습니다. 조사 결과는 항상 그렇지는 않음을 보여주었습니다. 국세청에서 일상적 업무를 수행하면서 사업자들과 만나 일해보면 이 점을 금방 알 수 있습니다. 선입견이나 편견 없이 열린 마음가짐으로 그 만남에 임하는 것이 중요합니다. 조사와 동영상 인터뷰에서 도출된 심층적 통찰력이 이를 입증해줄 것입니다.

고객의 의견에 귀를 기울이면

우리는 납세자들이 자발적으로 보내주는 의견들을 기다립니다. 국세청 홈페이지에는 다음과 같은 제목 아래 납세자들이 의견을 남길 수 있게 되어 있습니다. '의견과 아이디어.'■ 많은 사람이 이 기능을 활용합니다. 이메일로 의견이 들어오면 우리는 그것을 확인하고 답변합니다. 그 가운데 최근에 올라온 의견 두 가지입니다.

안녕하세요!

저는 얼마 전에 세금신고를 마쳤습니다.

이 기회를 빌려 납세자들이 세금신고를 할 때 여러분이 다양한 해결 방법을 알려주며 훌륭히 일하고 있다는 사실을 말해주고 싶습니다[물론 제 돈을 가져가긴 하지만요 :-)] 여러분이 하는 일은 아주 분명하고 매우 체계적입니다. 여러분이 하는 일이야말로 국세청 및 그 운영에 신뢰를 갖게 합니다.

안녕하세요,

저는 최근 인구등록 담당 공무원들과 연락을 했습니다. 이 사람들의 태도는 정말 최악이었습니다!!!! 그녀가 제게 했던 유일한 말이 "법에 그렇게 나와 있어요. 법에 나와 있다고요"입니다. 아니요! 해결책은 전혀 나오지 않았습니다. 법에 그렇게 나와 있다는 것은 이해가 갑니다. 하지만 내가, 내 문제는 이것이며 내 딜레마는 이것이라고 말하면… 그때마

■ 이전에는 '불만과 칭찬(Klagomål och beröm)'이라고 불렸다. 이것만 봐도 스웨덴 국세청의 태도가 그간 어떻게 변했는지 알 수 있다.

다 그 담당 공무원은 그렇게만 말했습니다. "저에게 해결책을 알려주세요…"라고 말해도 듣게 되는 대답은 하나였습니다. "법에 따르면…." 네, 당신들은 법 조문을 인용하고 법에 따라 말하는 게 아주 쉽겠지요. 하지만 이것 보세요, 미안한데 당신 공무원들은 상황을 더 악화하려는 것이 아니라 국민을 도와주라고 그 자리에 있는 것 아닌가요???? 그리고 저는 개인적으로 당신들이 말하는 법이란 것이 완전히 어리석다고 생각해요. 한 아이의 엄마로서 적어도 난 내 아이에게 무엇이 최선인지는 알아요. 하지만 어떤 법도 그렇지는 않더군요. 게다가 세무서에 전화하고 서비스센터에 연락했을 때 서비스는 최악이었어요!!!! 제 얘기를 하기 위해 자동응답 안내번호를 몇 번이나 눌러야 했다니까요. 거기까지는 좋다 쳐요. 이해도 가지 않는 컴퓨터로 녹음된 음성안내에 따라 내 이야기를 해야만 했는데, 정말 죄송하지만 이건 아니죠!!! 이게 끝나고 나니 수십 장의 서류를 작성해야 했습니다. 나는 앞으로 어떤 경우라도 당신들에게 개인적 연락을 하지 않게 되기를 바랍니다. 이번 경험은 나에게 있어 국세청이 통째로 쓰레기 같다는 생각을 하게 만들었습니다.

부끄러운 줄 아시라고요!!

우리는 위와 같은 고객 의견을 내부 강의와 강연에서 예시로 사용해왔습니다. 직원들 스스로 그 고객의 감정을 느낌으로써 자기 자신을 돌아보고 더 깊이 이해하는 데 도움이 되도록 하려는 것이었습니다. 효과가 있었습니다.

신뢰를 높이려면 객관적 정보와 수치도 필요하다

질적 연구는 아이디어를 자극하는 데는 좋지만 제한된 내용을 제공할 뿐 완전한 사실이나 원인과 결과를 설명해주지는 못합니다. 전체적인 내용을 이해하려면 딱딱한 정보나 관련 수치도 필요합니다. 이것이 양적 연구가 여전히 수행되고 학술적 연구를 하게 되는 중요한 이유입니다. 하나의 가방 안에 두 방법을 다 넣고 사용하면서 우리는 고객응대를 잘하는 일이야말로 국세청에 대한 신뢰를 높여준다는 것, 나아가 그 신뢰가 자발적으로 책임을 다하게 만든다는 확고한 근거를 갖게 되었습니다. 객관적 정보와 수치를 제공하는 연구 없이 한 조직의 문화를 바꿀 수는 없습니다.

모든 조직 구성원이 기본적으로 일을 잘하고 싶어한다는

점은 비단 스웨덴 국세청만 갖고 있는 특징이 아닙니다. 국세청 직원이라면 누구나 국세청을 위해 일이 엉망이 되지 않기를 원하므로 명확한 접근 방식(또는 국세청의 다른 가치들)을 반대하지 않습니다. 다만 그러한 접근 방식이나 가치를 있는 그대로 받아들일 수는 없으므로 때때로 반대를 하게 되는 것입니다. 만일 우리가 사실과 지식에 입각해 핵심 내용을 증명해 보일 수 있다면, 그들도 확신을 갖게 될 것이고 변화에 기꺼이 동참할 것입니다.

우리의 기본 가치는 잘 구현되고 있는가?

비전의 관점에서 표현된 가치 운영, 기본 가치와 전략 등은 흔히 뜬구름 잡는 소리로 여겨질 수 있습니다. 좋은 단어들인 것은 분명하지만, 과연 이런 단어가 의미하는 바는 정확히 무엇일까요? 현실성 있는 접근을 위해서는 구체적 사례를 가지고 토의를 하는 방법이 좋습니다. 우리의 경험을 미루어 볼 때 토의는 활기차고 생산적인 방법이며, 토의를 통해 어려움은 무엇이고 도출될 수 있는 결론은 무엇인지도 알 수 있습니다.

토의는 보통 실제 사례에 중점을 두지만, 가상의 상황을 설정할 수도 있습니다.

우리가 새로운 전략 방향을 새로운 기본 가치·전략과 함께 시행할 무렵인 2006년에 광범위하게 논의된 실제 사례가 하나 있습니다.

> 어떤 사람이 새로운 주택을 짓고 있었습니다. 새로 이사 갈 집을 짓고 있던 와중이라 현재 사는 집을 매각한 데 따른 이익에 대한 양도소득세 납부는 일정 기간 유예되었습니다. 그런데 피치 못할 사정으로 신축이 연기되었습니다(건축회사가 파산했기 때문이었습니다). 그는 기일 안에 집을 다 짓기 위해 할 수 있는 방법을 다 써봤지만 세금유예 기간을 얻을 수 있는 지정 시간 안에 이사를 하지는 못했습니다. 그는 한 달 늦게 입주했습니다. 그 결과 그는 이전 집의 매각으로 생긴 이윤에 대해 양도소득세를 지불해야만 했습니다. 그러나 이미 모든 자금을 새집 건축에 사용해버린 상황이었습니다. 그는 이 문제를 해결하려면 어떻게 해야 하는지 알고 싶었습니다.

집이 팔리고 집주인이 새집으로 이사를 가는 사이, 집 판매에 따른 수익에 대한 세금을 미루기 위해 얼마나 시간이 필요한지를 규정하는 세법 규정이 있습니다. 이에 따라 이전 집 매각으로 발생한 돈을 새집에 사용한다면 다시 새집을 팔 때까지 세금 납부를 유예할 수 있습니다. 앞선 예시에서 그 납세자는 몇 주 차이로 날짜를 놓쳤습니다. 법적으로 따지자면 결과는 단순하고 명료합니다. 이 집주인은 세금을 유예할 자격이 상실됩니다.

그러나 이것은 어려운 질문이기도 합니다. 이 사례가 정말로 단순할까요? 그 집주인은 입법자들의 의도에 어긋나지 않게 새집에 돈을 모두 썼으며, 마감시한을 지키려 애썼습니다. 법의 취지는 지켜졌고, 납세자는 글자가 아닌 법의 정신을 따랐습니다. 하지만 결과는 너무나 가혹합니다. 세금을 내기 위해 그는 막대한 손실을 감수하고 새로 장만한 집을 다시 팔아야 합니다. 이 같은 결과가 과연 이치에 맞는 것일까요? 국세청은 어떤 조치를 취해줄 수 있을까요?

우리가 명확한 답을 갖고 있다는 말을 하려는 것은 아닙니다. 다만 이 같은 문제를 논의해봐야 한다는 것입니다. 우리는 국세청 내부에서 여러 관리 부서와 함께 새로운 전략을 논의할 때 이 사례를 다른 사례와 함께 이야기해보았습니다. 흥미롭게도 이 특별한 사례는 언제나 활기찬 논의, 때로는 열띤 논의를 이끌어냅니다. 의견은 대개 두 그룹으로 나뉩니다. 한쪽은 공무원은 법을 글자 그대로 따라야 하며 그래서 과세 유예는 거부해야 한다는 주장입니다. 반면 법의 정신에 입각해 판단하더라도 과세 유예를 허용해야 한다는 입장이 있습니다. 양측 모두 자신들의 견해에 강한 확신을 갖고 그것만이 유일한 방법이라고 보았습니다.

이러한 유형의 사례는 정답 도출 이전에 이런 논의를 하게 만든다는 점에서 가치가 있습니다. 우리는 이 사례를 통해 스웨덴 국세청이 자신들이 내리는 결정의 함축적 의미가 무엇인지, 따라서 심사숙고하지 않고 섣불리 결정하면 안 된다는 점을 되새길 수 있었습니다. 과연 이 사례 속 결정은 적절했고 입법자들이 의도한 바와 일맥상통하는 것이었을까요? 법을 엄격히 적용해 바람직하지 못한 결과가 도출된다면, 그건 입법자가 의도했던 바가 아닙니다. 의사결정권자는 도덕적 책임감을 가져야 합니다. 자신의 행동이 야기하는 결과를 결코 부정할 수 없을 것입니다. "우리는 단지 법대로 하고 있을 뿐입니다"라고 말하는 것은 충분하지 않습니다. 공무원으로서의 책임감과 자발적으로 공정하게 분담하려는 태도를 지속시키는 책임감이 훨씬 커야 합니다.

이러한 논의가 법 적용의 자의성과 법 준수는 선택의 문제라는 의견을 옹호하는 것이라고 이해해서는 곤란합니다. 법

"'우리는 단지 법대로 할 뿐입니다'라고
말하는 것으로는 충분치 않습니다.
공무원으로서 책임감과 공정하게 분담하려는
자발성을 지속시키고자 하는 책임감이
이것보다 훨씬 커야 합니다."

이 한 개인에 대해 적절하지 못한 결과를 불러올 때는 입법자에게 그 점을 지적해주고 법의 테두리 안에서 다른 방법을 찾거나 법의 정신 및 의도와 조화를 이루는 결정을 할 수 있도록 해석할 여지를 발견하는 일은 필요할 수 있습니다.

  우리가 말하고자 하는 바는 이 같은 사례는 반드시 논의의 과정을 거쳐야 한다는 점입니다. 우리가 설정한 기본 가치를 실제로 적용하기만 한다면 그에 걸맞은 결과가 뒤따를 것입니다. 올바른 길을 선택하는 것이 어려울 때 그런 가치들은 시험대에 오르게 됩니다. 결국 이런 사례와 같은 상황에 놓이게 되는 것입니다.

세금신고 마감, 얼마나 늦는 것이 늦은 것인가?

논란을 불러일으키는 사례는 또 있습니다.

  한 기자가 국세청에 문의를 해 왔습니다. 세금신고에서 적용되는 규정에 관한 궁금증이었습니다. 세금신고 기간의 마지막 날은 5월 2일입니다. 전자 신고는 초 단위로 정확한 시간에 따라 움직입니다. 만약 어떤 사람이 세금신고 마감일의 자정을 몇 분 넘겨 세금신고를 했다면 어떻게 되는 것입니까? 그 사람은 가산세를 물어야 합니까? 스웨덴 국세청은 기한이 지난 세금신고에 대해 어느 정도 관대함을 베풀 수 있습니까? 신고 마감일보다 1분 늦게 신고를 했다면 어떻게 되는 것입니까?

세법에 따르면 세금신고를 늦게 하면 가산세가 붙을 수 있습니다. 스웨덴 국세청은 1분 정도 늦게 신고했다고 해서 납세자에게 가산세를 추징한 예가 단 한 번도 없습니다. 하지만 세법은 적정 수준이 어느 정도인지 상세히 규정해놓고 있지 않습니다. 스웨덴 국세청의 입장은 신고 마감일보다 며칠이나 지나서 신고를 하는 경우에 국한해 판단하는데, 그렇다 해도 의문은 남습니다. 하루와 이틀 사이의 구분은 언제일까요? 이 질문에도 역시 대답하기가 어렵습니다. 스웨덴 국세청의 대답과 상관 없이 여기서 또 하나의 질문이 파생됩니다. "좋습니다. 마감시간보다 1분 늦게 세금신고를 하면 어떻게 되나요?"

이 질문도 비슷한 토론으로 이어지게 됩니다. 국세청이 마감시간에 대해 외부와 어떻게 소통해야 할지를 두고 수많은 시각과 제안이 쏟아져 나옵니다. 토론하는 동안 참석자들은 시간의 정확한 경계선이 어디인지 말하기가 불가능함을 알게 됩니다. 그리고 항상 다음과 같은 결론을 내립니다. "국세청은 세금신고가 1분 정도 늦었다고 해서 가산세를 부과하지 않습니다. 그렇다고 정확한 기한이나 마감시간을 제시할 수도 없습니다." 앞서 제시한 사례와 달리, 이 논의는 '그 정답'에 모두가 동의하는 것으로 결론이 납니다.

실제 사례로
토의를 하는 것의 좋은 점

실제 사례를 가지고 토의하는 것은 내용을 분명히 이해하는 데 매우 좋습니다. 다양한 사고방식이 있을 수 있고 실제 업무에서는 공식적 운영 문서에 맞게 처리하기도 하고 그렇게 하지 못할 수도 있음을 보여줍니다. 논의는 아래의 상반된 두 가지 대안으로 이어집니다.

- 가치관리는 그 가치의 해석 및 실제 상황에서 그것이 의미하는 바가 무엇인지 알고자 할 때 실제적 도움을 줍니다. 실제 집행 범위 내에서 다양한 설명을 이끌어낼 수 있고 조직의 행동을 응집하는 역할을 합니다.

- 채택된 전략이 최상이 아니며 더구나 실제 상황에 대입했을 때는 작동하지 않는다는 점을 알게 해줍니다. 그렇다면 변경해야 합니다.

전략을 바꾸는 것이 더 나을 수도 있습니다. 실제 상황에서는 외면할 수밖에 없는, 그저 좋은 말뿐인 이론으로서 붙잡고 있는 것보다 오히려 그 편이 현실에 쉽게 적용될 것입니다. 장기적 관점에서 전략과 가치가 역할을 하려면 그 둘은 믿을 만한 것이어야 합니다.

실제 사례를 두고 토의하는 것은 전략과 가치가 실제 상황에서 내포하는 의미가 무엇인지 이해하기 위한 훌륭한 방법입니다. 그 과정에서 대다수 국세청 직원들이 언급한 것처럼 실제 사례는 도움이 되었습니다.

모델과 도구가
변화를 불러오는 것은 아니다

다른 정부기관으로부터 스웨덴 국세청이 흔히 받는 질문 중 하나가 우리가 사용한 방법, 이론적 모델과 툴은 무엇인가 하는 것입니다. 그럼 우리는 질문이 잘못되었다고 답변하니다. 컨설턴트나 다른 영역에서 옹호되는 다양한 방법과 도구가 있습니다. 린^{Lean}, 식스 시그마$^{Six\ Sigma}$ 또는 또 다른 어떤 도구가 있을 수 있습니다. 하지만 변화를 일으키는 것은 기술이 아닙니다. 그것이 유용할 수는 있지만 우리가 달성하려는 목적에 집중하지 않고 기술 자체에만 관심을 가지면 오히려 변화를 저해하는 요소가 될 수 있습니다.

우리 국세청 내부에는 파일럿^{Pilot}이라는 기획안 도구가 있었습니다. 모든 직원이 이 도구를 다루는 방법을 강의로 배워야 했고 모든 기획팀이 특수 양식을 사용했습니다. 우리는 기획 그 자체가 아니라 '파일럿팅'에 대해 더 많은 이야기를 하게 되었습니다. 또한 우리의 기획은 내용 자체가 아니라 이 양식에 얼마나 적합한가 여부로 평가되었습니다. 도구 및 지정된 양식이 그 자체로 목적이 되어버렸고 직원들도 모든 문제를 이것으로 풀 수 있다고 생각했기에 이러한 기술적 툴이 거의 종교시되었습니다. 얼마 되지 않아 총괄 부서는 상황이 통제를 벗어났음을 깨달았고 그 툴은 폐기되었습니다.

우리의 경험에 비추어, 많은 사람이 특정 도구를 사용하면 모든 결과가 다 올바르고 더는 수고스럽게 노력하고 생각할 필요가 없다는 환상에 갇혀 있습니다. 그래서 정작 도구를 제대로 활용하지 못합니다.

도구와 모델은 무엇인가를 해결하기보다 더 큰 문제를 낳을 수 있습니다. 이에 대한 우리의 접근 방식은 아주 단순합니다. 지금 무엇을 하는지 안다면 특정 도구가 보통은 필요 없고, 지금 무엇을 하는지 모른다면 세상에 어떤 좋은 도구도 도움이 되지 않는다는 것입니다.

스웨덴 국세청은 실수를 두려워하며, 광범위한 규제 조치를 내리는 이런 기관에서 방법이나 특정 모델은 쉽사리 또 다른 규제 조치로 변질될 수 있습니다. 지금 무슨 일을 하고 있는지 확신이 없으면 특정 방법과 도구에 집착하게 되고 이는 적어도 잘못된 일을 한 것은 아닙니다.

도구와 방법에 대한 문제는 기껏해야 아주 무미건조한 것, 최악의 경우 틀린 것에 집중하게 되는 결과를 초래할 수 있습니다. 목수를 고용할 때 보통은 그가 어떤 연장을 쓰느냐에는 관심을 갖지 않습니다. 그보다는 일을 어떻게 하는지와 업무 숙련도에 주목합니다. 연장 선택은 목수의 몫입니다. 아무리 좋은 도구가 일을 더 쉽게 끝내준다 할지라도 일이 되게 하는 것은 연장이 아닙니다.

국세청의 조직문화를 바꾸기 위한 우리의 노력에서 유일하게 사용된 '방법'은 사실 파악을 위한 설문조사였습니다. 그 조사 이후 우리는 전략과 우선순위를 변경함으로써 조사로 알게 된 사실에 입각해 행동했습니다. 이는 지식과 통찰력에 근거해 습관을 바꾸는 행위였습니다. 그 후에도 우리는 고유한 통찰력을 얻어 그것으로 다른 이들과 소통하려고 지속적으로 노력했습니다.

변화 창출의 주체는 조직 구성원

고객응대를 개선하고 조직문화를 바꾸기 위한 스웨덴 국세청의 활동은 컨설턴트들에 의해 진행된 것이 아니었습니다. '컨설턴트'에 대해 나쁜 감정이 있는 것은 아닙니다. 좋은 컨설턴트도 그렇지 못한 컨설턴트도 두루 만나왔습니다. 그러나 특정 조직의 문화와 가치에 대해 이야기할 때 변화를 위한 작업은 조직 당사자와 그 구성원들이 주체가 될 때 가장 좋은 효과가 나타납니다. 조직 내의 수용 측면과 장기적으로 작용해야 한다는 두 가지 측면에서 볼 때 그렇습니다.

메시지를 보내는 사람이 누구인지 제대로 파악하는 것과 그 변화의 과정에서 책임을 지는 당사자가 중요합니다. 조사와 훈련 같은 일부 작업은 전적으로 컨설턴트의 도움을 받는

데 그것은 다양한 시각에서 생각해볼 수 있다는 장점이 있습니다. 그들도 우리도 이른바 '핵심 비즈니스'라고 불리는 영역에서 경험을 갖추고 있다는 사실은 시사하는 바가 큽니다. 즉 "당신은 우리 상황이나 우리가 어떻게 일하는지 이해를 못하네요" 같은 말이 나올 일이 거의 없습니다.

고객응대 태도와 관련해서는 대개 인사 담당 부서가 개선을 주도합니다. 이것이 때로는 문제가 되기도 하는데, 그들이 아무리 그 업무에 능숙하고 지식이 많다 해도 그 사실만으로 곧바로 충분한 인정을 받는 것은 아니기 때문입니다. 고용된 컨설턴트라고 해도 마찬가지입니다.

그러므로 운영진이 자신들은 변화를 위한 작업과 무관하다고 생각해서는 안 됩니다. 운영진의 분명한 지원과 함께 '핵심 비즈니스'가 주축이 되는 변화 작업이야말로 확실한 성공을 거두기 때문입니다.

사람 대 사람으로 만나기

현실을 단순화하고 사람들의 전형성을 표현하고자 할 때

보통은 가상의 인물을 예로 듭니다. 우리가 그런 인물 유형으로 사용한 것이 리사, 펠레와 무스타파입니다. 이들은 확연히 다른 관심사, 배경, 전망과 소망을 가진 인물들입니다. 한 조직의 고객이 이런 식으로 분류될 수 있고, 직원들에게도 이렇게 다른 유형의 사람들을 어떻게 잘 응대할 수 있는지 가르칠 수 있습니다. 이렇게 하면 간단명료해집니다.

단순화와 항목 분류는 복잡한 현실을 다루는 데 필요한 일이기도 합니다. 그러나 이런 작업은 일반화가 어느 정도 들어맞는 전략적 단계에서만 주의 깊게 사용되어야 하는 방법입니다.

인물, 분류, 전형적 사례나 카테고리(어떤 이름으로 불리든지 간에)는 우리가 실제로 고객을 만날 때 상대에 대한 우리의 시선에 오히려 장해물이 될 수 있습니다. 이미 작업해놓은 분류 기준을 그 사람에게 적용하자마자 우리가 만나는 사람은 한 개인이 아니라 그 분류가 되어버리는 것입니다. 리사는 교육을 잘 받았고 대도시에서 거주하며 소셜미디어를 애용합니다. 그녀는 인내심이 없고 온라인에 나온 모든 것을 당장 해보고 싶어합니다. 이러한 성향은 대다수 사람에게 적용될 수 있습니다. 그러나 그들 중 일부 또는 전부는 때때로 실제로 사람들과 만나 이야기를 나누고 싶어합니다. 그들은 저마다 요구 사항이 있는 각기 다른 사람들입니다. 우리가 어떤 사람과 미팅을 하는 중에 이 사람도 '그 부류 중 한 명'이라고 판단해버린다면 세심함과 정서적 교감이 결여된 모습을 보일 수밖에 없습니다. 이미 만들어진 유형에 따라 판단하는 것이기에 특수한 상황이나 특별한 사람이라는 사실을 고려하지 않게 됩니다. 사람의 말을 경청하거나 존중하며 대하지 않습니다.

우리는 개인의 말에 귀를 기울이고 그들이 하려는 말과 요구 사항, 결국 '그들'을 이해해야 합니다. 이를 위해서는 경청하는 능력 외에 다른 어떤 지식이 필요하지 않습니다. 우리가 이른바 '문화 간 만남'이라 불리곤 하는 강연들에 대해 회의적 입장을 갖는 이유가 그것입니다. 여기서 말하는 '문화'란 주로 다른 나라에서 온 사람들을 뜻합니다. X 나라에서 오거나 Y 종교를 가진 사람은 이러저러하다는 것을 알게 되면서 공무원들은 그 사람을 좀 더 이해하고 응대를 잘할 수 있게 됩니다. 우리는 이렇게 지속적으로 파악해야 하는 정보들에 대해서는 물론 긍정적 입장입니다. 하지만 있는 그대로의 사실과 이미 존재하는 편견을 과장하는 성급한 일반화를 구분하는 것도 중요하다고 생각합니다.

특정 나라나 종교에 대한 자세한 지식 없이 X 나라에서 온 사람을 만나거나 Y 종교를 가진 사람을 만나는 것도 물론 좋습니다. 그들의 말을 들어주고 존중해줄 필요가 있을 것입니다. 그 사람이 우리가 이상하다고 생각하는 행동을 한다면 일단 물어보고 관심을 보여주면 됩니다. 그렇게 하면서 무엇인가를 배울 수 있고, 우리가 집단이 아닌 사람 대 사람으로 만나고 있다는 것을 보여주게 됩니다. 또한 모든 사람은 저마다 다르고 우리는 개인을 만나는 것일 뿐 피상적인 어떤 특성에 의존하지 않는다는 명확한 진리에 이르게 됩니다. 우리가 이를 확신한다면 두리뭉실한 일반화에 지나치게 의존하는 사람들은 피하는 것이 좋습니다.

09 / 스웨덴 국세청은 어떻게 성공했는가

마츠 쇠스트란드는 1999년부터 2010년까지 스웨덴 국세청장으로 재직했는데, 재임 기간 중 그는 "천국은 언제나 5년 뒤에 있다"라고 말하곤 했습니다. 새로운 세법이나 IT 시스템을 도입하면 모든 것이 좋아질 것이라는 뜻입니다. 그가 말한 시간이 흘러 상황은 물론 좋아졌지만 우리가 기대하고 상상했던 만큼은 아니었습니다.

변화에는 '마지막 변화'라는 것이 없고 어떤 변화도 모든 문제를 해결할 수는 없습니다. 그러나 변화만이 발전을 위한 유일한 길이라는 것은 맞습니다. 현상에 대해 끊임없이 묻고 변화를 시도하는 것이 성공의 방법입니다. 스웨덴 국세청은 계속 진화해왔지만 이는 단순히 역량이 증가했다는 의미가 아닙니다. 정부기관으로서 국세청과 그 구성원들도 물론 실수를 합니다. 발전과 변화만이 미래의 견인차는 아닙니다.

지난 몇 년간 우리가 이뤄낸 변화 가운데 가장 중요한 몇 가지만 딱 집어내기는 힘듭니다. 물론 '고객에 대한 태도 변화'처럼 중요한 일들이 몇 가지 있습니다. 하지만 원인과 효과를 분명히 구분 짓기는 어렵습니다. 변화의 이면에 태도 변화가 주요 요인으로 자리 잡고 있는 것인지, 아니면 태도 변화를 이끈 여러 가지 요인이 먼저 작용했던 것인지는 정확히 파악할 수 없습니다. 우리가 확실히 아는 한 가지는 다양한 요인이 상호작용을 했으며, 발전과 변화를 위한 노력에 집중했더니 상황이 나아졌다는 것입니다.

우리는 꾸준히 변화해왔다

스웨덴 국세청의 개혁은 정확히 언제부터 시작되었을까? 이 질문에는 대답하기가 어렵습니다. 변화와 개혁 작업은 대부분의 공공기관이 그러하듯 국세청에서도 늘 있어왔던 일입니다. 새로운 온라인 서비스 도입 등 구체적 변화가 일어난 시기는 분명한 시작점이 있습니다. 반면 조직문화, 가치와 행동의 변화는 오랜 기간에 걸쳐 이뤄지졌고 때로는 눈에 보이지 않는 복잡한 양상을 띠었습니다. 그렇기 때문에 이 모든 변화가 시작된 날짜를 특정하기는 불가능합니다.

어쨌든 스웨덴 국세청의 변화는 1970년대 무렵 시작된 것 같습니다. 약간 이전이거나 이후일 수도 있습니다. 어떤 작은 변화라도 이전의 변화에 기초해 일어나고 그다음 변화도 그렇게 이어집니다. 최상의 시나리오는 이 모든 것이 장기적 관점에서 전체적으로 긍정적 변화를 달성하기 위해 함께 움직이는 것입니다.

레나르트 닐손이 1983년 스웨덴 국세청장에 취임했을 때, 그와 레나르트 그루프베이 국세청 차장은 재임 초기부터 분명한 계획을 가지고 있었습니다. 그들은 더 나은 조직을 만들고 싶었으며 일하는 방식을 더 개선하기를 원했고 특히 고객 서비스 영역에서 그랬습니다. 이렇게 해서 만들어진 변화의 기초가 향후의 변화에 중요한 역할을 했습니다.

그러나 그때도 그 이후로도, 스웨덴 국세청이 수십 년에 걸쳐 겪은 엄청난 변화의 과정 속에서 이를 위한 총괄 전략이라는 것은 존재하지 않았습니다. 설령 그런 것이 있었다 하더라도 그것은 아마 제대로 작동할 수 없었을 것입니다.

변화하는 과정에서
목표도 변한다

　기획은 필수적이지만 항상 업데이트되어야 합니다. 명확한 비전과 확고한 방향성도 필요하지만 이것들을 정의해보려 하면 실체가 없습니다. 미래는 계속 움직이는 것이기 때문입니다. 목표를 추구하는 것은 그 목표와 거기 도달하려는 사람 모두를 변화시킵니다. 객관적 지식과 자기 자신에 대한 지식이 늘어나는 것도 그런 변화 과정에서 생겨나는 결과물이고 최상의 경우에는 그 과정을 바꾸기도 합니다.

　명백한 목표가 없다 할지라도 변화를 위한 지속적이고 꾸준한 작업과 끊임없는 개선의 희망이 있었기에 그것이 발전으로 이어져왔습니다. 무엇이 더 나은가 하는 것도 수년에 걸쳐 좀 더 다양해졌습니다. 동시에 스웨덴 국세청은 실제적으로 효과가 있는 부분에 집중하고 전념해왔습니다. 우리의 비전은 1998년부터 시작되었습니다. 그 비전은 수년 동안 매우 건실하다는 것이 입증되었고 명확한 전략 방향 수립에도 기여했지만 그렇다고 해서 그 비전이 영원히 유지되지는 않을 것입니다. 스웨덴 국세청이 현재 견지하고 있는 전략적 방향성도 2006년에 설정한 것이고 지금까지 그 역할을 잘 수행해왔습니다. 하지만 이 또한 영원하지는 않을 것입니다.

 고객에 대한 태도와 관련해서는 끈질긴 인내가 절대적으로 중요했습니다. 그런 작업들이 마치 하나의 프로젝트처럼 몇 개월 진행되고 나면 끝나버릴 것처럼 여겨질 위험이 늘 있었습니다. 통찰력 있는 운영, 조직의 모든 부서에 존재하는 수많은 열정적 동료들, 그리고 행운까지 따른 덕분에 스웨덴 국세청은 2003년부터 현재까지 태도 개선에 관한 일을 지속적으로 수행해왔습니다. 인내의 중요성은 아무리 강조해도 지나치지 않습니다. 한 조직의 문화와 가치는 항상 유지되어야 하는 반면, 고객응대와 같이 구체적인 것에 중점을 두는 것이 비교적 큰 유익이 됩니다.

지속적 변화를 위한 최상의 조합

 '변화'가 일상적 업무의 한 부분이 되면 매우 이로운 점이 있습니다. 변화 작업이 일시적 프로젝트 형태로 구성되고 실제 일상 업무와 아무런 연관이 없다면 직원들은 그 역시 추가 업무 정도로 가볍게 생각할 것입니다. 시간적으로나 심리적으로나 새로운 관점을 가질 여력이 없습니다.

변화는 휴식 시간에도 또 운영진과 나누는 대화를 통해서도 자연스럽게 업무에 녹아들 수 있습니다. 스웨덴 국세청 직원들은 우리가 사람들에게 보이는 태도와 우리를 향한 사람들의 신뢰에 대해 이야기를 나눕니다. 어떤 상황에서 어떤 결정이 내려지느냐와 무관하게 태도와 신뢰는 거의 늘 우리들의 대화 어딘가에 있습니다. 특히 운영진은 이런 시각을 여러 차원에서 바로바로 모니터링할 수 있는 인력을 갖추어놓고 있으며 물론 본인들도 그 과정에 동참합니다. 우리는 자유롭게 생각을 나누고 세심하게 표현된 전략적 방향성을 가지며, 나아가 조직 내에 널리 알려진 성공적 변화 사례를 공유하는 것이야말로 지속적 변화를 위한 최상의 조합이라고 생각합니다.

문제는 '직원'이 아니다

조직이 어떤 실질적 업무에서 변화를 가져오고자 할 때 그것이 A 버튼 대신 B 버튼을 누르는 일이라면 물론 그 일을 잘하는 데 필요한 방향이나 지침을 제시해야 합니다. 하지만 조직문화와 가치를 변화시키고자 한다면 좀 다른 접근 방식이 필요합니다.

앞서 언급했듯 우리는 모든 직원이 기본적으로 일을 잘하고 싶어한다는 사실을 알고 있습니다. 이와 관련해서는 이상할 게 하나도 없습니다. 각 사람이 자기의 업무에 능숙하다면 자존감도 높아질 것이고 일 자체도 더 재미있을 것입니다. 반대로 실수하는 상황을 가정해보면, 그 실수로 인해 불필요한 갈등과 문제가 생길 것입니다. 영향력 있는 가치와 문화에 대해 이야기할 때 우리는, 스웨덴 국세청 및 다른 기관들의 운영진이 "저 직원만 교체하면 이런 건 문제도 아닐 겁니다"라고 말하는 것을 여러 번 들었습니다. 하지만 일반적으로 그것은 결코 직원 개인의 문제가 아닙니다. 모든 직원은 공식적·비공식적 규범을 통해 배운 것을 토대로, 할 수 있는 한 각자 최선을 다하고 있습니다.

우리는 관리자가 '직원들이 문제의 일부'라고 가정하지 않는 데서 출발해야 한다고, 그것이 관리자 입장에선 유일하게 합리적인 생각을 하는 것이라고 믿습니다. 사람은 누구나 변할 수 있고 변하고 싶어한다는 것을 시작점으로 삼아야 합니다. 직원의 견해와 경험을 존중하는 것 자체가 개선을 위한 노력입니다. 그런 노력이 결국 성공 가능성을 높입니다.

우리는 이 점을 경험으로 배웠습니다. 하지만 우리도 항상

"목표를 추구하는 것은 그 목표와
거기에 도달하려는 사람
모두를 바꿉니다."

바르게 행동하지는 못했음을 기꺼이 인정합니다. 강의하고 토의하면서 때로는 우리의 생각을 이해하지 못하거나 비논리적으로 반대만 한다는 생각에서 그 사람들에게 화를 내기도 했습니다. 화를 내는 것은 어리석은 일이며 반대를 하는 그 이면에 어떤 생각이 있는지를 이해하고자 노력해야 한다는 사실을 깨닫게 되었습니다. 새롭게 배워야 할 것은 언제나 있습니다. 우리의 가치와 관점도 새로운 지식과 통찰력을 습득하면서, 국세청 내에서 서로 아이디어를 토의하며 발전해왔습니다. 지난 시간을 되돌아보면 우리를 향한 비판마저 개인적으로나 국세청의 발전이라는 측면에서나 긍정적 역할을 해주었습니다 (그 순간 언제나 그렇게 느끼지는 못했을 수 있지만 말입니다).

사람에 따라 다른 방식으로 설득하기

사람들은 확신을 얻고 싶어하며, 저마다 다른 방식으로 확신을 얻습니다. 누군가를 '사실'과 '수치'로 설득하기도 하지만 어떤 이에게는 감정적 접근을 하는 편이 더 호소력 있을 수 있습니다. 또 어떤 사람들은 그 집단의 나머지 사람들이 어떤 입장을 취하는지 지켜보고 다수의 의견을 따르거나 그들 사이에서 리더로 불리는 사람들의 의견을 따르기도 합니다. 어디에서든 10~20% 정도는 항상 **변화**(어떤 변화든지 간에)에 반대하고 또 10~20%의 사람들은 늘 변화를 바란다는 주장이 있는데, 어느 정도 맞는 이야기입니다. 그리고 남은 사람들은 조심스럽게 어떤 일이 일어날지를 기다립니다.

우리는 변화에 강력히 반대하는 사람들에게 온 신경을 기울여야 한다고는 생각지 않습니다. 그래 봐야 보통은 아무런 소득도 얻지 못합니다. 오히려 찬성하는 사람들의 도움을 받아 확신을 갖지 못하는 몇몇 사람에게 집중하는 편이 낫습니다. 이런 방법으로 충분한 수의 사람들이 긍정적으로 공감해준다면 가장 막강한 반대자들을 설득하기가 좀 더 쉬워집니다.

사람을 설득한다는 것은 이래라저래라 잔소리를 늘어놓는다는 의미가 아닙니다. 설득이란 반대 의견을 지닌 사람에게도 존중의 태도를 보이고 그들의 의견을 들으면서 우리도 언제든 입장을 바꿀 준비가 되어 있음을 보여준다는 의미입니다. 우리가 기꺼이 듣고 받아들이기만 한다면 비판에는 종종 가치 있는 정보가 들어 있습니다. 우리는 국세청의 고객인 납세자를 존중하며 대우해주는 일의 중요성을 이야기합니다. 고객이 자발적으로 자기 몫과 책임을 공정하게 분담하고 싶도록 도와주기를 원하기 때문입니다. 그런데 우리는 국세청 직원들의 태도에 대해서도 똑같은 원리를 강조해야 한다는 것을 자주 망각합니다.

운과 우연 그리고 타이밍

국세청의 변화가 수십 년에 걸친 세심하고 전반적인 계획으로 나타난 것이 아니고 또 무언가 똑똑한 방법에서 비롯된 것이 아니라면, 그것은 전적으로 운과 우연의 산물임이 분명합니다. 사실 그렇습니다. 우리도 국세청 개혁의 과정에서 운이 따라주었음을 인정합니다. 성공하려면 운도 따라줘야 한다는 사실을 간과해서는 안 될 것입니다.

어떤 조치가 너무 성급하게 이뤄지면 아무 효과도 나타나지 않을 수 있고 반대로 너무 늦어지면 이상한 결과가 나올 수 있습니다. 그만큼 타이밍은 중요합니다. 운과 기술의 결합을 통해 국세청은 적시에 태도 개선 작업을 할 수 있었습니다. 새로운 전략도 적절한 시기에 시행되었는데 대다수 직원들이 흥미롭고 도전적이라고 여겼습니다. 극소수만이 그 작업이 잘못됐으며 이상하다고 봤습니다. 운이라는 것은 적절한 시기에 적절한 위치에서 적절한 사람이 기회를 보고 행동하는 것을 말하기도 합니다.

　변화의 동력이 예산절감의 기회를 제공해주기도 했습니다. 변화는 그 자체로는 문제가 없습니다. 하지만 납세자에게는 긍정적이거나 부정적인 결과를 가져올 수 있습니다.

　미리 기입된 세금신고서, 온라인 신고 또는 전화 신고를 선택하도록 방식이 바뀌면서 납세자 부담이 덜어졌고, 많은 납세자가 국세청에 만족감을 나타냈습니다. 하지만 이런 변화를 추진할 수 있었던 힘은 납세자가 해야 할 일(매우 중요한 일이지만)을 간소하게 해주고자 하는 바람 때문만은 아니었습니다. 재정적 비용을 줄이려는 의도도 크게 작용했습니다. 이런 경우에는 스웨덴 국세청과 납세자의 이익이 정확히 일치합니다.

　정반대 경우도 있었습니다. 긴축재정이 부정적 효과를 가져왔던 것인데 스웨덴 국세청이 비용 절감을 위해 세무사의 의견서를 사업자들에게 보내는 일을 중단하기로 결정했을 때였습니다(지금은 온라인으로 확인이 가능합니다). 그 결과 많은 사업자가 전화를 걸어 문서로 된 의견서를 보내달라고 요청했고 그 때문에 국세청에서 다시 수천 수만 장의 의견서를 팩스로 보내주어야 했습니다. 결국 비용 절감을 하지 못했고 전체적으로는 사업자들과 그들의 세무대리인을 분노하게 만드는 결과만 초래했습니다.

우리가 바꿀 수 있는 것은
우리 자신뿐

　스웨덴 국세청의 혁신 과정에서 조직문화, 업무 방식, 사고 방식의 변화는 우리의 일관된 주제였습니다. 새로운 지식을 통해 습득한 통찰력 덕택에 이런 변화는 계속해서 이어지고 있습니다. 자기 몫을 공정하게 분담하려는 의지를 고취하는 것과 신뢰를 구축하는 일이 납세자보다 우리 자신을 더 변화시키고 있습니다.

　우리의 발전이 어떻게 시작되었는지 돌아보면서 우리는 바로 그 점을 깨달았습니다. 우리가 시작 단계에서 일찌감치 그런 통찰력을 가졌더라면 결과가 더 좋았을 수 있습니다. 발전을 위한 작업이 동료나 고객 또는 기본적으로 나 아닌 다른 사람의 행동을 변화시키기 위한 것으로만 볼 위험에서 벗어날 수 있었을 테니까 말입니다. 우리는 단지 우리 자신만을 변화시킬 수 있을 뿐입니다. 하지만 그 과정에서 다른 사람의 변화도 이끌어낼 수 있습니다.

10 / 아직 더 가야 할 길

스웨덴 국세청이 2012년 실시한 국세청에 대한 일반 국민들의 인식 조사는 국세청의 서비스센터를 방문한 사람 가운데 99%가 자신들이 어떤 응대를 받았는지에 대해 의견을 주었고 대체로 괜찮은 응대를 받았다고 생각했습니다. 97%가 스웨덴 국세청에 대해 그런 평가를 내렸습니다.

  이것은 물론 환영할 만한 뉴스입니다. 100% 달성은 아마 불가능할 테니까요. 그러나 이러한 결과가 국세청이 적어도 고객응대와 관련해서는 모든 작업을 마무리했으니 마음을 놓아도 된다는 뜻일까요? 우리는 그렇게 생각하지 않습니다. 무엇보다, 그런 일은 일어나지도 않았습니다. 고객응대에 대한 강조는 현재진행형입니다. 신뢰와 관련한 문제에서도 마찬가지입니다. '신뢰'라는 것은 과일과 같습니다. 쉽게 상합니다.

과거의 어떤 일로 인해 신뢰를 받지 못하고 있다면 지금 하는 일이나 내일 해야 하는 일을 통해 언제라도 신뢰를 쌓을 수 있어야 합니다.

변화의 속도는 세월을 지나면서 그때그때 달랐지만, 스웨덴 국세청에서는 여전히 변화가 진행 중입니다. 이런 변화의 지속을 바라는 한편 우리는 앞으로 이뤄낼 일의 흐름과 경향을 예상해볼 수 있습니다.

모든 고객을 동일하게, 객관적으로 응대해야 한다

우리는 좋은 응대가 무엇인지 명확한 정의를 갖고 있지는 않습니다. 그런 게 있다 한들 도움이 되리라 생각해본 적도 없습니다. 훌륭한 응대가 무엇인가는 고객이 결정합니다. 고객이 좋다고 느끼면 좋은 것이며, 우리가 그 의미를 정의해야 할 필요는 없습니다.

하지만 최근 우리는 평등 작업에 대한 국세청의 연구 이후 이 문제를 다시 생각하기 시작했습니다. 2014년 봄, 서비스 사무실과 콜센터에서 국세청이 여성과 남성을 어떻게 대하는지, 혹 부당한 차별은 없는지에 대한 조사를 실시했습니다. 그 결과 여성과 남성 모두 매우 전문적 응대를 받고 있는 것으로 나타났습니다. 유사 연구가 2007년에도 실시되었는데 그때의 결과와 비교하니 고객응대의 균형 있는 개선이 확인되었습니다.

하지만 조사 결과는 여전히 남성과 여성을 응대하는 방식에 차이가 있음을 보여주었습니다. 어떤 사람이 서비스 사무실을 방문하면 보통 서비스 안내요원이 맞이합니다. 그들은 고객에게 컴퓨터 등이 있는 장소를 안내하거나 번호표나 신청서 양식을 주는 역할을 합니다. 조사에 따르면 남성들이 안내 장소까지 에스코트를 받는 경우가 여성보다 높게 나타났습니다. 여성들에게는 안내요원이 손으로 가리키며 안내하는 경우가 많았습니다. 일반적으로 남성이 더 많이 도움을 받고 추가 질문도 더 하는 것으로 나타났습니다.

다른 예는 우리에게 전화한 고객이 분위기를 띄우려고 농담을 할 때 일어난 일입니다. 이 경우 전화를 건 고객이 남성이라면 상대편 공무원도 보통은 따라 웃습니다. 하지만 여성이라면 그녀의 농담은 자주 무시됩니다.

남성과 여성이 응대를 받는 데 있어서는 큰 차이점이 없고 거의 똑같이 대우를 받습니다. 해당 공무원의 성별도 큰 영향을 미치지 않습니다. 공무원이 남성이든 여성이든 큰 차이가 없는 것입니다. 고객을 응대할 때 불공정함의 정도는 똑같이 존재합니다. 의식적으로는 그렇다는 이야기입니다. 어느 누구도 고의적 판단 기준을 가지고 특정 고객을 다른 사람보다 나쁘게 응대하지 않습니다.

요컨대 고객을 상대하는 실제 업무 상황에서는 부족한 점이 많지만 스웨덴 국세청과 접촉해본 고객들은 대부분 만족해합니다. 이 사실은 다른 고객에 비해 응대를 제대로 못 받은 상당수 고객마저 자신들이 응대를 잘 받았다고 느낄 수 있음을 우리에게 알려줍니다. 그 고객은 다른 사람이 얼마나 응대를 잘 받았는지 모르기에 그저 자신들이 받은 응대에 대체로 만족하는 것뿐입니다.

그렇다면 중요한 것은 단지 한 고객의 경험일까요? 우리의 대답은 "아니요"입니다. 사람들은 본인이 응대를 잘 받았다고 생각할 수 있지만 어떤 경우에는 그렇지 않을 수 있습니다. 사람마다 응대를 받는 방식에서 실제로 부당한 차이가 있다면 우리는 그것을 받아들일 수 없습니다. 모두가 동일하게 존중받고 도움을 얻을 수 있어야 합니다. 응대를 잘 받는다는 것에도 객관적 측면이 있습니다.

이스라엘의 철학자 아비샤이 마갈릿[Avishai Margalit]은 『정중한 사회^{The Decent Society}』에서 공정한 사회에서는 제도가 사람에게 모욕감을 주지 않는다고 서술했습니다. 하지만 문제는 사람들이 실제로 모욕감을 느끼는가가 아니라 그러한 느낌 이면에 그럴 만한 원인이 있는가 하는 것입니다. 모욕감이 반드시 모욕하려는 의도의 결과로 나타나는 것은 아닙니다. 다른 여러 이유가 있을지 모릅니다. 동일한 추론 방식이 고객응대의 문제에도 적용될 수 있다고 생각합니다.

따라서 고객응대에 관한 우리의 지속적 연구는 관념 속에 존재하는 것이 아니라 실제 응대를 개선하는 일에 초점을 두게 될 것입니다. 이 작업에는 우리가 동등한 응대에 대한 조사로부터 얻어낸 것과 비슷한 지식이 필요합니다. 우리는 사람들이 응대를 받을 때 어떤 느낌을 받는지 물어볼 뿐 아니라 고객응대가 실제로 어떠했는지 파악해야 합니다.

사용자 입장에서 정말로 좋은 서비스를 제공할 것

정부는 당연히 산하기관에 좀 더 효율적이기를 요구하고, 나아가 변화까지 요구합니다. 변화로 인해 비용이 절감되고 업무가 효율적으로 돌아간다면 가장 이상적인 상황일 것입니다. 하지만 어떤 경우에는 비용은 적게 들어도 일이 되지 않을 수 있고, 최악의 경우 비용도 더 들이고 일은 일대로 잘되지 않을 수 있습니다. 스웨덴 국세청이 온라인 서비스를 개선했을 때 바로 이런 변수를 경험해야 했습니다.

초창기에 실시한 서비스 중 하나는 부가가치세 신고였는데 초기 단계에서는 소규모로만 시도했습니다. 납세자 편의를 도모하려는 좋은 의도였음에도 불구하고 사용자들은 복잡하다고 생각했고 종이로 세금신고를 하는 것이 차라리 쉽다고 느꼈습니다. 린셰핑 대학교에서 실시한 평가에 따르면 서비스 개선의 목적이 납세자들이 국세청 편의를 위해 뭔가 하도록 만든 것처럼 보인다는 지적이 있었고, 심지어 "입장이 뒤바뀐 서비스 의무"라고 꼬집었습니다. 아무도 이용하지 않는 서비스는 비용만 들고 좋은 것이 아닙니다. 스웨덴 국세청은 여기서 중요한 교훈을 얻어 현재는 사용자 입장에서 편리한 서비스를 제공하려 노력하고 있습니다. 실질적 측면에서 올바른 기능을 제공하는 일에 집중하고 있습니다.

국세청에 걸려오는 상당수의 전화가 온라인 서비스나 웹사이트 정보에 관한 것인데 고객들은 서비스를 이해하지 못하거나 자신들이 제대로 하고 있는 것이 맞는지 확인해달라고 합

"신뢰는 과일과 같습니다. 쉽게 상할 수 있지요.
언제라도 신뢰를 쌓을 수 있어야 합니다."

니다. 정보와 관련해 고객들이 원하는 담당자를 찾지 못했거나, 자신들이 올바로 이해했는지 그 정보를 본인들 사례에 적용하는 게 맞는지 확인받고 싶어하는 경우입니다. 웹사이트와 온라인 서비스 활용이 급격히 증가하는 추세인데도 불구하고 국세청으로 걸려오는 전화와 방문 요청이 그만큼의 비율로 감소하지는 않았습니다. 요즘 사람들은 웹사이트와 전화를 같은 정도로 사용합니다. 그 결과 납세자를 위한 효율성도 국세청을 위한 효율성도 전혀 증가하지 않고 있습니다.

대부분의 전화는 납세자가 이미 제대로 처리한 경우이기 때문에 불필요한 것처럼 보일 수 있습니다. 그래도 고객들은 정말로 자신들이 맞게 이해하고 신고했는지 확인해줄 사람을 찾고 싶어합니다. 이로 인해 우리는 국세청 온라인 서비스가 사용자의 필요를 제대로 충족시키는지 다시 고민하기 시작했습니다.

고객이 요구하는 두 가지는 문의에 대한 답변과 다양한 상황에서 도움을 받는 것입니다. 이러한 요구 사항은 보통은 웹사이트에서 제공될 수 있습니다. 하지만 그것만으로 사용자가 필요로 하는 모든 것이 자동으로 충족된다고 볼 수는 없습니다. 전화와 직접방문을 하는 이유는 궁금한 사항을 곧바로 확인하고 사람과 사람 간의 상호작용에서 오는 안정감을 필요로 하기 때문입니다.

   많은 사람이 기기의 도움으로 각자의 민원을 처리하고 해결하는 것의 이점을 인정합니다. 그러나 그들은 그 기기를 사용하면서도 어떤 식으로든 피드백을 받고 싶어합니다. 따라서 우리는 온라인 서비스를 통해서도 존중하는 태도를 표현해야 하며 공감하는 모습을 보여주고 안정감을 제공해야 합니다. 이는 미래 발전에도 중요한 면면일 것입니다. 기능적 측면에서는 더 개선할 필요가 없을지도 모릅니다. 간단한 확인과 격려("수고하셨습니다. 당신의 문의는 처리가 완료되었습니다") 정도면 충분합니다. 태도와 응대 문제는 다른 사람과 소통할 때만 중요한 것이 아닙니다. 그것은 사람들이 기기와 소통할 때도 똑같이 중요합니다.

   기기 서비스는 대개 '셀프서비스'라고 일컬어집니다. 고객 스스로 일을 처리해야 하고 어떤 안정감이나 확인 절차를 제공하지 않는다는 점에서 유감스러운 면이 있습니다. 고객 입장에서는 불안감이 커질 수도 있습니다. 그러나 제대로 된 온라인 서비스는 사실상 도움과 서비스를 제공하며, 고객은 아무것도 하지 않고, 할 필요도 없기에 셀프서비스라는 말은 잘못된 것입니다. 전산화된 서비스는 하나의 서비스인 것이지 그 자체가 서비스의 전부는 아닙니다.

새로운 전략을 찾아서

우리는 스웨덴 국세청을 위해 어떤 형태의 새로운 전략이 채택되어야 하는지 모릅니다. 다만 우리는 새로운 전략이 있을 것이고 오랫동안 '진리'로 여겨지던 것 가운데 어떤 것에 대해서는 의문이 제기될 것임을 압니다. 이것이 바로 우리가 앞으로 가야 할 길입니다. 새로운 통찰력이 오래된 생각들을 대체합니다.

강제집행의 목적과 효과는 여전히 논의 중입니다. 전 세계적으로 이에 관한 수많은 연구가 있습니다. 우리는 계속해서 세무조사를 실시할 테지만 강제집행의 작용 및 수행 방식에 대한 이해의 폭을 넓혀갈 것입니다.

스웨덴에서는 1902년 종합소득세 신고제도가 도입되었습니다. 하지만 이 제도는 영원하지 않을 것입니다. 세금신고도 결국 정보를 전달하는 일입니다. 일부 정보는 미래에도 이런저런 형태로 요청되겠지만 다른 방식으로 소통되고 관리될 수도 있습니다. 기술의 발전은 신뢰를 쌓고 납세자의 권리를 보호하는 일과 더불어 환경 변화, 정보에 대한 오너십 및 관리를 둘러싸고 새로운 관점을 제시해줄 것입니다.

모든 사람은 성격이나 출신에 상관없이 존중받기를 원하며, 우리 국세청의 활동도 핵심은 언제나 그것입니다. 이를 실제 업무에 적용하는 방법도 더 진보해나갈 것입니다.

성공에는 반드시 수반되는 분명한 위험 요인이 있습니다. 한 기관에 대한 신뢰도가 높고 그것이 증가할 때 그 조직에서 생각할 수 있는 변화는 이제 나빠지는 일뿐이라는 식으로 생각하게 될 때가 옵니다. 성공은 이렇듯 행동의 결여라는 위험성을 내포합니다. 이미 성취해놓은 것을 망칠까 두려워 아무것도 하고 싶어하지 않기 때문입니다. 성공은 어떻게 정의되느냐와 무관하게 영원히 지속될 수 없는 것이고 발전이 늘 개선으로 이어지는 것은 아니라는 사실, 그것이 자연의 순리입니다. 문제는 항상 발생할 것이고 때로는 전혀 예상치 못한 이유로 문제가 생길 수도 있습니다.

이 모든 것에도 불구하고 우리는 낙관적입니다. 변화와 개선의 의지가 있고 긍정적 발전을 이루도록 우리는 앞으로도 오래도록 최상의 조건을 제공할 것입니다.

두려운 기관에서 사랑받는 서비스 기관으로
스웨덴 국세청 성공 스토리

2020년 3월 2일 초판 1쇄 발행

지은이 레나르트 위트베이 · 안더스 스트리드
옮긴이 김지연
펴낸이 김선택
펴낸곳 세상
등록번호 제2019-000139호
등록일자 2019년 11월 5일
주소 서울특별시 영등포구 국회대로28길 17 4층 453-7호
전화 02-736-1940
팩스 02-736-1931

ISBN 979-11-968924-0-1 03330

Från fruktad skattefogde till omtyckt servicemyndighet
by Anders Stridh · Lennart Wittberg
Copyright © 2015 Skatteverket, Stockholm, Sweden
Korean translation copyright © 2020 by Sesang
Korean translation copyright arranged with Skatteverket through
KTA International Taxpayer Rights Institute Filial, Stockholm, Sweden

이 책의 한국어판 저작권은 「스웨덴 국제납세자권리연구소」를 통해
스웨덴 국세청과 협의한 것으로 '세상' 출판사에 있습니다.
저작권법에 의하여 한국 내에서 보호를 받는 저작물이므로 무단 전재와 복제를 금합니다.

* 책값은 뒤표지에 있습니다.